Carlos Pedrós-Alió es doctor en Ciencias Biológicas por la University of Wisconsin-Madison (EE. UU.) y profesor de investigación en el Centro Nacional de Biotecnología (CNB) del Consejo Superior de Investigaciones Científicas (CSIC). Ha trabajado durante 25 años en el Instituto de Ciencias del Mar de Barcelona del CSIC y es miembro de la American Academy of Microbiology. Ha trabajado en las dos zonas polares, en ambientes hipersalinos y en fuentes termales en Atacama y Costa Rica. Ha sido miembro del comité de SCAR-España, de European Polar Board y de International Census of Marine Microbes. Su interés científico consiste en comprender la ecología y la diversidad de los microorganismos utilizando la genómica y la secuenciación masiva. Ha publicado dos libros de divulgación científica: *Desert d'aigua* y *La vida al límite*. También le interesan la observación de las aves, la escritura, la biología de la espiritualidad y las relaciones entre la ciencia y el arte.

Bajo la piel del océano

Bajo la piel del océano

Carlos Pedrós-Alió

Primera edición en esta colección: octubre de 2017

© Carlos Pedrós-Alió, 2017
© de la presente edición: Plataforma Editorial, 2017

Plataforma Editorial
c/ Muntaner, 269, entlo. 1ª – 08021 Barcelona
Tel.: (+34) 93 494 79 99 – Fax: (+34) 93 419 23 14
www.plataformaeditorial.com
info@plataformaeditorial.com

Depósito legal: B. 23.144-2017
ISBN: 978-84-17114-02-2
IBIC: PDZ

Printed in Spain – Impreso en España

Diseño de cubierta:
Ariadna Oliver

Realización de cubierta y fotocomposición:
Grafime

El papel que se ha utilizado para imprimir este libro proviene
de explotaciones forestales controladas, donde se respetan
los valores ecológicos, sociales y el desarrollo sostenible del bosque.

Impresión:
Liberdúplex
Sant Llorenç d'Hortons (Barcelona)

Reservados todos los derechos. Quedan rigurosamente prohibidas,
sin la autorización escrita de los titulares del *copyright*, bajo las sanciones establecidas
en las leyes, la reproducción total o parcial de esta obra por cualquier medio o procedimiento,
comprendidos la reprografía y el tratamiento informático, y la distribución de ejemplares
de ella mediante alquiler o préstamo públicos. Si necesita fotocopiar o reproducir
algún fragmento de esta obra, diríjase al editor o a CEDRO (www.cedro.org).

Als meus companys de l'Institut de Ciències del Mar, que durant 25 anys m'han ensenyat molts secrets amagats sota la pell de l'oceà.

Agradezco a Javier Arístegui, Eva Calvo, Isabel Ferrera, Ignacio Fita, Jordi Font, Josep Maria Gili, Carles Pelejero, Francesc Piferrer, Ana Sanz y Rafel Simó la lectura y las sugerencias sobre varios de los capítulos. Mikhail Emilianov, Laura Recasens, Magda Vila y Linda Amaral-Zettler me ayudaron a resolver algunas dudas. De Plataforma Editorial, agradezco a Miguel Salazar y Miriam Malagrida su interés y apoyo a este libro.

Índice

Preámbulo.   15

PRIMERA PARTE
El océano desde la superficie
(***Una campaña oceanográfica en el Ártico***)   19

1. Un plato de sopa (*69º N, 20 de agosto del 2002. Tromsø, Noruega*)   21

2. La importancia de tocar fondo (*70º N, 22 de agosto del 2002. Mar de Barents*)   24

3. Lo pequeño es numeroso (*71º N. 24 de agosto del 2002. Atlántico Norte, mar de Noruega*)   32

4. ¿Aventura o exploración? (*74º N. 26 de agosto del 2002. Mar de Barents*)   41

5. Tempestades y taxonomías (*76º N. 28 de agosto del 2002. Mar de Barents*)   46

6. Comida, comida, comida (*76º N. 29 de agosto del 2002. Mar de Noruega*)   58

7. Donde no llegan los turistas (*78º N. 30 de agosto del 2002. Longyearbyen, archipiélago de las Svalbard*) 65

8. Los reyes del mar (*78º N. 31 de agosto del 2002. Grønfjorden, archipiélago de las Svalbard*) 72

9. «Plantánimal» (*77º N. 2 de septiembre del 2002. Mar de Groenlandia*) 76

10. Navegar es preciso, vivir no es preciso (*75º N. 4 de septiembre del 2002. Mar de Noruega*) 83

11. *Liberad a Willy* (*71º N. 7 de septiembre del 2002. Mar de Noruega*)........................ 88

12. Punto final (*69º N. 8 de septiembre del 2002. Tromsø*)............................... 92

13. *Debriefing* (*40º N. Agosto del 2016. Aguilar de Campoo, España*) 95

SEGUNDA PARTE
El océano desde el espacio 99

14. La era espacial y el océano 101

15. El color del océano...................... 118

16. Las grandes migraciones.................. 131

17. Cambio global 143

Índice

TERCERA PARTE
El océano desde las profundidades............ 157

18. Inmersión............................... 159

19. Las plataformas continentales y la farmacia
    del mar................................ 174

20. Luces en la oscuridad 189

21. Batial. Mundos alternativos: ecolocalización
    y electricidad 202

22. Abisal. El Alvin y las fuentes hidrotermales..... 216

23. Abisal. Los cadáveres de ballenas............ 228

24. Abisal. Un mundo microbiano.............. 237

***Debriefing* final**........................... 247

25. Mar de plástico......................... 249

Bibliografía................................ 261

Preámbulo

La viejita está aferrada a una roca por su ventosa ventral, rodeada de algas. Cree que no la veo. Pero la veo. Recuerdo que el nombre científico de este pececillo de roca es *Parablennius tentacularis*. Acerco un dedo para tocarla. Sale disparada y se asienta un poco más allá, en la misma roca, confiando en que su camuflaje me haya despistado. Pero no. La sigo viendo. De repente noto que se me acaba el aire. Tengo que volver a la superficie. Aire en los pulmones. ¡Al fin! Llevo la máscara y el tubo de buceo. Inspiro con fuerza y vuelvo a sumergirme. Me encanta sentir cómo me hundo sin esfuerzo ayudado por un cinturón con plomos. Y vuelvo a ese mundo misterioso. Hay una julia multicolor (*Coris julis*) que pasa por delante, un banco de doradas (*Sparus aurata*) que se agita al notar mis aleteos, mirándome de reojo mientras se aleja sobre la arena. Las sigo con la mirada y las veo desaparecer. Más allá, hacia el mar abierto, todo se difumina en una confusión azulada. Más allá es donde está el océano. Desconocido, ajeno, inaccesible.

Estoy en Blanes, donde comienza la Costa Brava. Estoy empezando mis estudios de Biología y he venido para hacer unas prácticas durante los meses de verano. Una vez por semana, salgo en algún barco pesquero a la mar. Antes del amanecer están todos los pesqueros preparados con los motores en marcha, con la misma impaciencia por zarpar los primeros que los veleros antes de una regata. A la seis, el capitán de puerto hace sonar la sirena y salimos a toda máquina. Cada patrón tiene sus estrategias y sus lugares favoritos. Todo depende del tiempo que haya hecho los últimos días, de los vientos, de la mar, de lo que se ha pescado los días anteriores... Unos son más aventurados y se arriesgan en zonas poco seguras con la esperanza de lograr un gran copo. Y otros, más conservadores, se acercan juntos a los bancos mejor conocidos.

Pasamos casi toda la mañana pescando. Navegamos en conserva seis o siete buques. Las redes de arrastre van recogiendo todo lo que encuentran cerca del fondo. Mientras tanto, en cubierta comemos paella y bebemos el cava que les he traído como agradecimiento por dejarme subir a bordo. Una mezcla idónea para revolverme el estómago. Cuando las redes están a punto de salir, me arrastro intentando no vomitar una vez más sobre la cubierta. El mar está relativamente tranquilo, solamente hay algo de marejadilla. Pero mi sentido del equilibrio está desorientado. El copo surge del agua y se deposita lentamente sobre la cubierta de popa. Los pescadores van separando en cajas los peces con valor comercial. Para mí quedan los descartes. Todos aquellos seres vivos que no tenemos por costumbre comer. Esos descartes son uno de los mayores problemas que causa la pesca. Algunos nos resultan familiares: estrellas de mar, medusas o erizos. Pero a la mayoría no los hemos visto nunca: sipuncúlidos, ofiuras, peces de profundidad, poliquetos, ctenóforos, pterópodos y ascidias. Un bestiario de monstruos que viven más allá de la superficie, tan ignorantes de nuestras pequeñas cuitas diarias como desconocidos para nosotros. Sin embargo, esos seres ilustran los sucesivos pasos de la evolución, la historia de la vida en nuestro planeta, habitan el mayor ecosistema del mundo y esconden una farmacia descomunal.

El difuminado azul que podemos alcanzar aguantando la respiración y los monstruos, algunos comestibles, que las redes traían del fondo. Esos han sido los únicos conocimientos que la humanidad ha tenido del mar durante miles de años. No es extraño que nuestra imaginación lo haya poblado del Kraken, el calamar gigante, la serpiente marina, los dragones, Leviatán o Moby Dick. Algunos dicen que el fondo del mar sigue siendo más desconocido que la superficie de la Luna. Como veremos, esto no es del todo exacto. En las últimas décadas el desarrollo sin precedentes de la tecnología nos ha permitido cambiar ese punto de vista. Ahora podemos mandar robots al fondo del mar, hacer volar drones cerca de la superficie, examinar sus propiedades a gran escala desde satélites, sumergirnos en batiscafos, explorarlo con radares, sonares, cámaras y multitud de aparatos para analizar sus organismos: citómetros, microscopios, *flowcams*, Bioness. Pero para la mayor parte de los ciudadanos el océano sigue siendo un mundo ajeno, que apenas vemos desde la cubierta de un ferry o desde la playa durante las vacaciones.

Bajo la piel del océano

En 1950 Salvador Dalí pintó un cuadro titulado:

Dalí a los seis años, cuando creía ser una niña, levantando la piel del mar para ver a un perro que duerme a la sombra del agua.

En un paisaje que podría ser el de Port Lligat, vemos unos acantilados a la izquierda y una superficie de agua que se extiende plana hasta un horizonte lejano. A la derecha, vemos a una niña con una caracola en una mano y con la otra levanta la superficie del mar. En este libro vamos a hacer como la niña (lo que creía ser el pequeño Dalí): levantar cuidadosamente la piel del mar para ver lo que hay debajo, con la misma inocencia y con la misma curiosidad. Desde luego no veremos un perro durmiendo, pero descubriremos un mundo maravilloso.

PRIMERA PARTE
El océano desde la superficie
(*Una campaña oceanográfica en el Ártico*)

1.
Un plato de sopa
(69º N, 20 de agosto del 2002. Tromsø, Noruega)

Estoy frente a un bol de sopa. La sopa es espesa. El color rojo se debe al tomate. Los piquitos negros tienen aspecto de ser pimienta. Pero nunca habría podido adivinar qué eran esos objetos flotantes no identificados. Wenche, nuestra colega noruega, me está mirando expectante, a ver qué impresión me causa comer por primera vez carne de ballena. Con mucha calma me acerco una cucharada a la boca. Lleva un trocito de carne. La saboreo, la mastico, me la trago. Debo estar poniendo cara de póquer porque Wenche parece algo alarmada. Pero no, la carne de ballena está muy buena. Tiene una textura como de bonito y un sabor que recuerda algo la ternera. Hay muy pocos lugares en el mundo donde se puede comer carne de ballena sin infringir la ley, y el restaurante Skarven, en Tromsø, es uno de ellos. Afuera, sigue brillando el sol, a pesar de que ya son las diez de la noche. Wenche Eikrem, Ramon Massana, Fabrice Not y yo formamos el equipo de microbiología que va a tomar parte en una campaña noruega en el Ártico. Las campañas a bordo de un buque oceanográfico son una de las mejores maneras de conocer el mar. Podemos desplazarnos a distintos lugares, tomar muestras a varias profundidades y analizar todo lo que se nos ocurra y nuestras técnicas nos permitan. Esta campaña es una de las que anualmente organiza el Gobierno noruego para analizar el estado de las pesquerías y del mar bajo su influencia. Nosotros participamos gracias a una invitación que gestionó Wenche con las autoridades noruegas. Wenche es investigadora en la Universidad de Oslo, Fabrice es estudiante de doctorado en la estación marina de Roscoff, en Francia, y Ramon y yo somos investigadores en el Instituto de Ciencias del Mar (ICM), del CSIC, en Barcelona. Formamos un equipo porque tenemos un proyecto de investigación de la Unión Europea para analizar los microorganismos marinos. Esta campaña es una de las muchas cosas que estamos haciendo juntos. Porque la investigación marina es una tarea internacional. Colaborar con distintos países es la única forma de optimizar recursos y obtener los mejores resultados.

Acabada la cena, salimos a tomar unas cervezas a la terraza del Skarven. Son de la marca Haakon, producida en Tromsø por la fábrica Maak, que, como casi todo en esta ciudad, es la más septentrional del mundo. Es difícil creer que estemos al norte del círculo polar ártico y no haga casi nada de frío. Todo gracias a la corriente del Golfo, que manda sus aguas cálidas hasta esta latitud. Pero, por si acaso, los camareros han repartido unas mantitas. Hum, qué gusto dejar que el sol entibiezca y dore el ambiente hasta que finalmente desaparece. Y entonces me entra un arrepentimiento por haber comido carne de ballena. ¿No es esto un crimen contra la naturaleza?

La ballena que cazan los noruegos es la minke (*Balaenoptera acutorostrata*), un rorcual de apenas diez metros de longitud. Es la ballena más pequeña y también la menos escasa. Se estima que puede haber unos doscientos mil individuos distribuidos por todo el hemisferio norte. Una de las tareas que Noruega tiene que hacer para justificar la caza de ballenas es evaluar su abundancia. Y una de las misiones de nuestra campaña es precisamente la de realizar recuentos de ballenas. Halvar y Arne son los expertos que pasarán horas y horas en el puente escudriñando el mar para detectarlas. Los dos tienen aspecto de balleneros. Bueno, la verdad es que no sé qué aspecto tiene un ballenero, pero si me dijeran que son como Halvar y Arne, me lo creería: altos y delgados, con la piel de la cara oscurecida y endurecida y el cuello marcado por esa red de arruguitas tan característica de los hombres que trabajan a la intemperie.

Las cervezas se han acabado y el sol se ha puesto. Regresamos a nuestro buque, el F/F Johan Hjort, un buque oceanográfico del Instituto Noruego de Investigaciones Marinas.[1] La salida se ha retrasado un par de días por unas reparaciones en el motor, pero ya dormimos a bordo. Mientras subimos por la escala siento un deseo intenso de que Halvar y Arne vean muchas minkes, porque será lo único que me ayude a superar la culpabilidad por haber comido carne de ballena.

---

1. <http://www.imr.no/om_havforskningsinstituttet/fasiliteter/fartoy/johan_hjort2/en>.

2.
La importancia de tocar fondo
(70º N, 22 de agosto del 2002.
Mar de Barents)

Uno de los entretenimientos más atractivos a bordo de un buque es subir al puente y curiosear los distintos instrumentos. La complejidad tecnológica que usan los barcos modernos es abrumadora. Para empezar, hay que tener GPS para saber dónde estamos. Antiguamente esto se hacía determinando la latitud y la longitud manualmente. Para la latitud se medía la altura del sol sobre el horizonte con un sextante a una hora determinada (siempre que no hubiera nubes). Para la longitud se necesitaba disponer de cronómetros precisos que no estuvieron disponibles hasta el siglo xix. Es sorprendente saber que, durante siglos, los viajes entre Europa y América se hicieron sin tener una forma precisa de determinar la longitud. Pero hoy en día este problema nos lo solucionan los satélites y, además, con una gran precisión. También tenemos el radar, para detectar posibles buques o, en estas latitudes, icebergs, como el que hundió al Titanic. Además, disponemos de sensores para determinar de forma continua la temperatura y la salinidad del agua, una

La importancia de tocar fondo

estación meteorológica y unas cartas de navegación muy detalladas. Más la predicción del tiempo. Toda esta información hace que navegar hoy en día sea una actividad muy segura y previsible. Pero esto solamente ha sido así en las últimas décadas.

Una de las cosas más importantes que un capitán de barco debe saber es la profundidad del mar sobre el que navega. La gran mayoría de los naufragios en la historia se han producido cuando un buque ha encallado en alguna roca o banco de arena. Hay un sinfín de hechos históricos que ilustran la importancia de saber cuánta agua tenemos por debajo. Entre 1879 y 1883 se desarrolló la guerra del Pacífico entre Chile y los aliados Bolivia y Perú. La primera parte fue fundamentalmente naval. Hoy en día nos hace reír el tamaño de las armadas participantes. Chile tenía las fragatas blindadas gemelas Cochrane y Blanco Encalada. El resto de la armada estaba formada por las siguientes naves de madera: las corbetas Chacabuco, O'Higgins y Esmeralda, la cañonera Magallanes y la goleta Covadonga. Los buques de la armada peruana eran la fragata blindada Independencia y el monitor blindado Huáscar. Completaban la armada los monitores fluviales Atahualpa y Manco Cápac, la corbeta de madera Unión y la cañonera de madera Pilcomayo. Seis o siete barquitos para defender unas costas de miles de kilómetros. Patético. Trescientos años antes, en la batalla de Lepanto, se enfrentaron dos armadas de verdad: la Liga Santa tenía 112 galeras, 6 galeazas, 38 naves y 76 fragatas frente a la coalición otomana, que disponía de 210 galeras, 87 galeotas y 120.000 combatientes, incluyendo marineros, soldados, galeotes y chusma. Una batalla naval seria.

El caso es que el 21 de mayo de 1879, la blindada peruana Independencia, de 3.300 toneladas, perseguía a la goleta chilena Covadonga, de madera y sin blindaje, de solamente 630 toneladas, hacia el sur de Iquique. En combate directo, la Covadonga no tenía ninguna oportunidad. La Independencia intentó atacar a la Covadonga con su cañón de proa varias veces, pero los fusileros de la Covadonga se las arreglaban para hostigar a los servidores del cañón lo suficiente como para que no hicieran blanco. La Independencia entonces intentó abordar a la Covadonga con su espolón de proa. Su mayor velocidad le permitía acercarse lo suficiente como para acosarla. Pero la Covadonga conseguía escabullirse una y otra vez. La Covadonga se arrimó lo más que pudo a la costa, sabiendo que su calado, de solamente tres metros, era mucho menor que los más de seis metros de la Independencia. En un momento dado tocó fondo y viró a estribor para alcanzar aguas más profundas. La Independencia, sin darse cuenta de este hecho, intentó avanzarla por babor para hacer fuego de costado y encalló. La fragata se inclinó sobre el costado y empezó a hacer aguas. La Covadonga se hartó de disparar sobre ella y decidió alejarse para evitar al acorazado peruano Huáscar, que estaba cerca. Este hecho aparentemente anecdótico fue una de las causas de que Chile ganara esta guerra y Perú la perdiera. Si el comandante de la Independencia hubiera tenido un mapa preciso del fondo y un ecosondador como los actuales, no habría intentado esa maniobra que lo condenó definitivamente. En esa época la única manera de saber la profundidad era usar el escandallo: un peso amarrado a un cabo. Obviamente, determinar la profundidad era una tarea lenta y poco precisa; vamos, que no se podía llevar a cabo cuando uno estaba persiguiendo a una goleta enemiga.

Hoy en día disponemos del sonar, que nos da la profundidad de forma casi instantánea y de manera continua. Dado que las ondas electromagnéticas no se transmiten bien en el agua, hemos recurrido a las ondas sonoras, que lo hacen mucho mejor. Por eso, en lugar del radar, que utiliza ondas de radio en el aire, en el mar se utiliza el sonar, que emplea ondas sonoras. El sonar emite un «ping», los famosos sonidos de todas las películas de submarinos, y un sensor recoge el eco. Como sabemos la velocidad a la que viaja el sonido en el agua (1.500 metros por segundo), midiendo el tiempo que tarda en volver el eco de nuestro «ping», podemos calcular la distancia a la que está el fondo. El caso es que el aparato se puede sofisticar considerablemente. Por ejemplo, se puede determinar la calidad de los sedimentos del fondo, si son más arenosos o más limosos, si hay varias capas y cómo de gruesas son. También pueden reconstruirse imágenes de lo que hay ahí abajo, por ejemplo, las de un pecio, o las de un cañón submarino o las de cualquier otra cosa. Con el sonar de barrido lateral o el sonar de apertura sintética se puede cubrir una gran superficie del fondo y hacer mapas detallados. Con las variantes modernas del sonar podemos reconstruir una imagen del fondo submarino aunque no podamos verlo porque está a miles de metros de profundidad y en una oscuridad absoluta.

La disponibilidad de sonares potentes a mediados del siglo XX facilitó una de las revoluciones más importantes en nuestra comprensión de la geología del planeta. Lo más curioso es que esta revolución requirió un mapa detallado del fondo marino. La geología que se podía ver en los continentes era demasiado confusa para poder extraer una visión global de la evolución del planeta. En cambio, la topografía del fondo marino, la batimetría, es como un libro abierto. Basta mirar un mapa del fondo para darse cuenta de cómo funcionan las cosas (figura 1).

La corteza terrestre está dividida en placas. Esas placas son como las piezas de un puzle gigantesco. Pero con el agravante de que no están quietas, sino que se mueven, restregándose unas contra otras o chocando frontalmente. Cuando dos placas chocan, la única solución es que una de ellas se sumerja por debajo de la otra formando una trinchera submarina y que esta otra se eleve formando una cordillera. Un ejemplo claro lo tenemos por debajo de la zona donde la Independencia y la Covadonga se persiguieron angustiosamente. La placa de Nazca se hunde por debajo de la placa Sudamericana, que se arruga formando la cordillera de los Andes, mientras que la subducción de la placa de Nazca causa la trinchera de Atacama. En la superficie, unas decenas de seres humanos intentaban matarse mutuamente. A varios miles de metros de profundidad, las placas terrestres desarrollaban fuerzas descomunales, causando terremo-

La importancia de tocar fondo

tos y volcanes, pero a la velocidad pausada a la que crecen nuestras uñas.

El centro de la Tierra está formado principalmente por metales fundidos, hierro y níquel. Envolviendo este núcleo está el manto, una capa de silicatos fundidos. El calor genera corrientes de convección. Como cuando hervimos agua en un cazo, los materiales más calientes suben hacia la superficie, donde se enfrían y luego descienden hacia el fondo. Esta convección es la que mueve las placas de la corteza de un lado a otro.

Las placas nacen y mueren constantemente. En el centro de los océanos existen las dorsales oceánicas (figura 1). En estas zonas el magma asciende hasta la superficie (en realidad, el fondo del mar) y se solidifica, formando dos cordilleras, una a cada lado. A medida que se agrega más material, el resto se va desplazando hacia fuera. Es evidente que en algún momento ese material tendrá que colisionar con otra placa y ahí volverá a producirse el fenómeno de una trinchera y una cordillera. El centro del Atlántico está recorrido por una de esas dorsales oceánicas, desde Islandia hasta el océano Glacial Antártico. La formación de esa dorsal es la responsable de que los continentes de África y Sudamérica, que estaban unidos hace unos ciento cincuenta millones de años, se hayan separado formando el Atlántico Sur.

El resultado de estos fenómenos es que el océano puede dividirse en varias partes según su profundidad. Las partes más profundas son las trincheras, donde una placa se hunde bajo otra con la que está colisionando. Un ejemplo es la trinchera de Atacama y otro es la de las Marianas, la más profunda del planeta. La mayor parte del fondo marino lo constituye la llanura abisal, a unos cuatro mil metros, formada por el basalto generado en las dorsales oceánicas. Los continentes flotan sobre este fondo marino basáltico, al ser más ligeros, y son arrastrados con sus respectivas placas de un lado a otro. Los continentes tienen una zona emergida, la tierra firme, y unas zonas sumergidas, las plataformas continentales, normalmente a unos doscientos metros de profundidad. Estas plataformas están constituidas por los mismos materiales que los continentes y según fluctúe el nivel del mar, pueden estar sumergidas o emergidas. Por ejemplo, el canal de la Mancha es muy poco profundo (solamente tiene unos cincuenta metros de profundidad media), porque Gran Bretaña e Irlanda están sobre la misma plataforma continental que Europa. En el pasado, esa zona ha estado sumergida y emergida varias veces. Tal vez eso haya generado la relación de amor-odio entre las islas y el continente.

Una vez conocida la batimetría del océano, se comprendieron instantáneamente varios fenómenos hasta entonces misteriosos. Por ejemplo: ¿por qué existe el cinturón de fuego del Pacífico? Desde hacía tiempo se había observado que a lo largo de todas las costas de este océano se producían una gran cantidad de terremotos y había muchos volcanes activos. Ahora que sabemos que esas costas son los lugares donde chocan unas placas contra otras, es fácil entender que esas presiones enormes liberen la tensión en forma de terremotos y que la corteza oceánica que se va sumergiendo debajo de otra placa se caliente, se funda y acabe formando cadenas de volcanes.

El ecosondador del Johan Hjort muestra el fondo del mar de Barents a solamente doscientos cincuenta metros. Esto es porque la plataforma continental del norte de Europa alcanza hasta las islas Svalbard. En cambio, hacia el este, la profundidad aumenta hasta los dos mil metros en el mar de Noruega. La verdad, me tranquiliza enormemente navegar en este siglo y no hace algunos centenares de años.

3.
Lo pequeño es numeroso

(71º N. 24 de agosto del 2002.
Atlántico Norte, mar de Noruega)

Subo corriendo la escalera hacia el puente, sujetándome con las dos manos para no caerme en uno de los bandazos que da el Johan Hjort.

–¡Demasiado tarde! –dice Arne cuando llego al puente–. La minke ya ha desaparecido.

Arne está preocupado porque entre el viento y la niebla no puede avistar las ballenas más que si están muy cerca. Y así no hay manera de contar. Como era de esperar, después de tres días de navegación, nuestros colegas balleneros han visto muy pocas cosas: dos minkes y algunos delfines. En cambio, nosotros llevamos ya recogidos varios millones de microorganismos. Claro que esto no tiene ningún mérito, porque en el agua que cabe en una cucharilla de café hay miles de algas y protozoos, por lo menos cien mil bacterias y más de un millón de virus. Cuanto más pequeño es un ser vivo, más abundante resulta (figura 2).

Nuestro trabajo a bordo es una rutina en la que se van sucediendo estaciones. El barco llega a la posición elegida

Lo pequeño es numeroso

y se empiezan a largar instrumentos para medir la temperatura, la salinidad y otras propiedades del agua. Y después cada uno de nosotros se las arregla para recoger del agua de mar aquellos seres vivos que le interesan. Arne y Halvar solamente pueden hacerlo mirando una superficie de océano lo más grande posible, porque las ballenas son muy poco abundantes. Para eso se instalan en el lugar que mejor visibilidad tiene en un barco: el puente. Desde allí hacen turnos oteando el horizonte a la búsqueda de cetáceos. Para expertos como ellos es relativamente fácil identificar la especie de cetáceo que aparece, incluso si están distantes. Por ejemplo, cuando llegan a la superficie después de una inmersión, las ballenas exhalan con fuerza el aire rico en CO_2 de sus pulmones a través de las narinas, convenientemente situadas en la parte superior del cráneo. Al contacto con la atmósfera, el vapor de agua se condensa igual que cuando exhalamos una bocanada de aire en invierno. Cada especie de ballena tiene un chorro distinto. Por ejemplo, la yubarta (*Megaptera novaeangliae*) expele dos chorros formando una uve, mientras que la ballena azul (*Balaenoptera musculus*) expele un surtidor vertical de casi nueve metros. Para Arne y Halvar, identificar cetáceos es un juego de niños. El problema es que hay tan pocos que tienen que estar todas las horas de luz observando el mar y, en esta época del año, las horas de luz son 24, de modo que no paran.

Los colegas que estudian peces no necesitan tanto tiempo de observación. Les basta con arrastrar redes de pesca durante algún tiempo. Estas redes filtran muchísimos metros cúbicos de agua para recoger suficientes peces. El tamaño de la malla, los agujeros de la red, tiene que ser el adecuado para dejar escapar a los alevines y retener a los adultos. A menos que el objeto de estudio sean las larvas y los alevines de peces. Entonces hay que usar una red con un tamaño de malla más pequeño, pero no hace falta filtrar tantos litros. En esta campaña tenemos varios expertos en pesquerías. Lo que hacen es tomar una muestra representativa de peces, medirlos, pesarlos, determinar el sexo y recoger sus otolitos. Los otolitos son unos huesecillos del oído de los peces. Tienen forma de lenteja, pero lo interesante es que, en general, el pez deposita un anillo nuevo de hueso cada año. Esto es muy parecido a lo que hacen los árboles, depositando un anillo de madera nuevo cada verano. Los científicos pueden contar el número de anillos y así saber la edad del pez. Con todos estos datos, los expertos utilizan modelos que les permiten calcular cuántos peces hay de cada especie, lo que se denomina «el *stock*» de la especie. Y con esta información se pueden determinar las cuotas de pesca sostenible.

Cuanto más pequeño es un ser vivo, mayor es su abundancia. De modo que para el siguiente grupo de organismos en tamaño, el zooplancton, las redes tienen una malla con unos agujeros todavía más pequeños (por ejemplo, de 0,2 mm). El zooplancton está formado por un conjunto heterogéneo de animales que miden entre unos milímetros y uno o dos centímetros de longitud. Incluye larvas de peces, crustáceos como el kril o los copépodos, pero también muchos otros grupos menos conocidos como pterópodos o salpas. El diámetro de la boca de la red también es más pequeño y los litros que hay que filtrar, muchos menos que para los peces. Las redes de zooplancton pueden ser muy sencillas, parecidas a un cazamariposas gigante, o muy complejas, como la Bioness. Esta red puede recoger muestras de zooplancton a varias profundidades. Además, lleva una serie de sensores para medir temperatura, salinidad, presión y otras variables mientras pesca. Con este tipo de redes se tiene un control mucho más fino del volumen de agua que se ha filtrado durante el arrastre y, por lo tanto, la estimación de la abundancia de los organismos puede ser mucho más precisa.

Y a nosotros nos basta con llenar botellas de diez litros que se cierran automáticamente a la profundidad deseada. Con eso tenemos suficientes microorganismos para casi todas nuestras medidas. Una vez que tenemos el agua, los cuatro microbiólogos de esta campaña (Wenche, Fabrice, Ramon y yo) nos dedicamos a filtrarla por distintos filtros para retener a los microorganismos y poder estudiarlos cuando volvamos al laboratorio. Para las bacterias, por ejemplo, nos basta con filtrar unos 5 mililitros por un filtro con un tamaño de agujero de 0,2 micrómetros (milésimas de milímetro). Con eso tenemos suficiente.

Con todas estas técnicas, los biólogos marinos hemos podido llegar a tener una estimación de la abundancia de los seres que viven en el mar. Para unos las estimaciones son más fiables que para otros, pero, en general, todas son razonablemente aproximadas. De modo que ahora estamos en condiciones de comparar ballenas y bacterias. Los datos están en la tabla 1. Para el tamaño de las ballenas he escogido el de la más grande, la ballena azul (*Balaenoptera musculus*), y para el número de individuos, el de las más abundantes y más pequeñas, juntando la minke del norte (*Balaenoptera acutorostrata*) y la del sur (*Balaenoptera bonaerensis*). Así me estoy asegurando de que la masa total de ballenas real será en todo caso menor que la que calculo, pero nunca mayor. Para las dimensiones y la masa de las bacterias he escogido la de una bacteria habitual en el mar, esas que quedan retenidas en un filtro con un diámetro de poro de 0,2 micrómetros. Las cantidades de ceros son mareantes, así que en la segunda parte de la tabla he puesto los mismos números en notación científica, en la que el exponente del 10 indica el número de ceros que hay que añadir, y el signo si son ceros a la izquierda o a la derecha de la coma decimal. En resumen, la biomasa bacteriana es unas 536 veces mayor que la de las ballenas. Dicho de otra manera, si pusiéramos en uno de los platillos de una balanza gigante todas las bacterias del océano, para equilibrar el fiel de la balanza tendríamos que colocar 214 millones de ballenas azules en el otro platillo.

Como el metabolismo de los seres vivos es más acelerado cuanto más pequeños, esto quiere decir que la respiración de las ballenas será una parte ínfima comparada con la de las bacterias, seguramente mucho menos del 1 % de la respiración total en el mar. La mayor parte de la respiración se debe a los microorganismos y, en particular, a las bacterias. Es decir, el impacto global de las actividades de las ballenas va a ser casi despreciable.

Lo pequeño es numeroso

Tabla 1. La longitud y el peso corresponden a la ballena azul (la más grande) y la abundancia, a la minke (la más abundante).

Propiedad	Ballenas	Bacterias
Longitud (m)	30	0,000.000.3
Peso (kg)	180.000	0,000.000.000.000.000.3
Individuos	400.000	100.000.000.000.000.000.000.000.000.000
Biomasa (Tm)	56.000.000.000	30.000.000.000.000

Biomasa de bacterias = biomasa de 214 millones de ballenas azules
Biomasa de bacterias = 536 veces la de las ballenas

Longitud (m)	$3{,}0 \times 10^{1}$	$3{,}0 \times 10^{-7}$
Peso (kg)	$1{,}8 \times 10^{5}$	$3{,}0 \times 10^{-16}$
Individuos	$4{,}0 \times 10^{5}$	$1{,}0 \times 10^{29}$
Biomasa (Tm)	$5{,}6 \times 10^{10}$	$3{,}0 \times 10^{13}$

Biomasa de bacterias = biomasa de $2{,}14 \times 10^{8}$ ballenas azules
Biomasa de bacterias = $5{,}36 \times 10^{2}$ veces la de ballenas

Aunque globalmente las ballenas tal vez no tengan mucha influencia, tienen un impacto considerable en la zona concreta en la que se encuentran debido a su gran tamaño. Por ejemplo, una ballena azul consume tanto alimento como mil quinientos pingüinos. Se cree que la disminución del número de ballenas en la Antártida debido a la caza ha favorecido a las poblaciones de pingüinos, leones marinos y focas cangrejeras que también se alimentan de kril. De modo que las ballenas influyen sobre la abundancia de muchas otras especies. Es más, se cree que la presencia de especies de vida larga, como las ballenas en el mar o las grandes secuoyas en tierra, aportan estabilidad a los ecosistemas.

Otra de las formas en que las ballenas afectan a los ecosistemas es transportando nutrientes de un lugar a otro. Por ejemplo, las ballenas francas australes (*Eubalaena australis*) se alimentan durante el verano austral en aguas antárticas, pero migran en invierno a la península Valdés (Patagonia argentina), donde no se alimentan. Se dedican exclusivamente a parir y a aparearse. Sin embargo, no dejan de excretar grandes cantidades de heces y orina, que enriquecen las aguas favoreciendo el crecimiento de fitoplancton con los nutrientes que adquirieron en el sur. Lo mismo ocurre cuando se sumergen a cien o doscientos metros de profundidad para alimentarse y excretan cuando regresan a la superficie para respirar. El equivalente de esta función en tierra sería abonar los campos con estiércol.

Las ballenas también alteran físicamente algunos ecosistemas. Así, las ballenas grises (*Eschrichtius robustus*) rascan los fondos marinos en busca de anfípodos y otros crustáceos. En esos movimientos remueven los sedimentos, que pasan a mezclarse con el agua, con lo que, de nuevo, esta última se enriquece en nutrientes. Además, los surcos que producen pueden persistir durante décadas, cambiando la textura y la topografía de los fondos marinos.

Tal vez el efecto más sorprendente que tienen las ballenas en los ecosistemas marinos sea el que causan una vez muertas. Evidentemente, si hay orcas o tiburones cerca, le darán unos cuantos bocados al cadáver mientras se hunde. Pero una ballena es muy grande y pesada y se hunde rápidamente más allá del alcance de estos depredadores. Los cadáveres medio comidos y algo descompuestos llegan con facilidad al fondo del océano, tal vez a tres mil o cuatro mil metros de profundidad, donde reina la oscuridad permanente y los recursos son más escasos que en un desierto. La mayor parte del fondo de los océanos depende exclusivamente de la comida que «llueva» desde la superficie. Una ballena gris de cuarenta toneladas, por ejemplo, contiene unos dos millones de gramos de carbono. Para que esta cantidad de carbono se acumulara unos metros más allá, donde no ha caído ninguna ballena, ¡tendrían que transcurrir más de dos mil años de esa lluvia! Parece claro que la llegada de un cadáver de ballena tiene que ser el acontecimiento del milenio.

Algunas ballenas y otros cetáceos quedan varados en las orillas en lugar de hundirse. Este tipo de alimento ha sido fundamental para los carroñeros, como los cóndores de California, y para distintos grupos de seres humanos, como los yámana de la Tierra del Fuego. Hay que tener en cuenta que las poblaciones actuales de ballenas son solamente una fracción de las que había antes de que los seres humanos empezáramos a cazarlas. De hecho, se estima que la abundancia actual de ballenas es solamente entre un 10 y un 34% de las que había en el año 1000, cuando los vascos empezaron la caza comercial de ballenas. De manera que anteriormente el impacto de las ballenas tuvo que ser mucho mayor.

Después de cenar he pasado varias horas filtrando muestras en el laboratorio. Estoy cansado. Decido parar por hoy e irme a dormir. Pero antes sigo mi costumbre de asomarme siempre a cubierta antes de acostarme. El mar se ha calmado. El Johan Hjort se desliza suavemente hacia el norte. El sol sigue estando por encima del horizonte a pesar de que ya son las 11. Por fin me retiro y me duermo pensando en la intrigante frase del Principito: «Lo esencial es invisible a los ojos». ¿Se refería Saint-Exupéry a las bacterias?

4.
¿Aventura o exploración?
(74º N. 26 de agosto del 2002.
Mar de Barents)

Comienzo a sudar. En realidad, esto no tiene nada de sorprendente, porque estoy dentro de un traje de supervivencia. Y digo bien cuando digo que estoy dentro del traje y no que lo llevo puesto. Este traje incluye desde las botas hasta la capucha en una sola pieza de color naranja chillón. No deja al descubierto más que una pequeña zona de la cara que incluye ojos, nariz y boca. Incluso esta parte puedo taparla con una visera. Como estos trajes tienen que servir para cualquier persona, están dimensionados para los más altos y gordos. Y dado que mi estatura es discreta, digamos que cercana a la de Messi, me sobra traje por todas partes. Las perneras y las mangas forman dobleces como los del muñeco de Michelin. Mis pies se mueven holgadamente en las botas integrales del traje. Tengo un aspecto ridículo y, claro, empiezo a sudar, no sé si más de vergüenza o de calor. Mis colegas y yo estamos en una de nuestras sesiones de adiestramientos de seguridad, en el puente. Y varios de mis colegas inmisericordes me están tomando fotografías. Cuando todos hemos pasado por la vergonzosa experiencia de meternos patosamente dentro del traje, posar y despojarnos de él con alivio, pasamos a la segunda fase.

El capitán nos lleva a cubierta y pide dos voluntarios entre los científicos y uno de la tripulación. Los tres valientes vuelven a meterse en sendos trajes de supervivencia. El contramaestre repasa que la cremallera esté bien cerrada y que todo esté en orden. «¡Al agua!», dice el capitán. Los tres saltan por la borda y caen con gran estrépito. Pero en pocos segundos quedan flotando boca arriba. Los tres sonríen. Esa sonrisa es la prueba de que estos trajes son esenciales. El agua está a cuatro grados. Si el buque se hundiera y tuviéramos que lanzarnos al mar, no sobreviviríamos más de una o dos horas. Por la hipotermia. De hecho, esto es lo que les pasó a muchos de los náufragos del Titanic. Pero gracias al traje nuestros colegas están sonriendo.

El siguiente componente de esas sonrisas es que los tres flotan sin esfuerzo. Ahogarse cuando la musculatura se agota por el cansancio o se entumece por el frío es la siguiente razón para morir cuando un hombre cae al agua. Los trajes contribuyen a mantener el cuerpo caliente. Pero los trajes tienen todavía más elementos de seguridad: un silbato, un emisor de radio y franjas de tejido reflector para maximizar las probabilidades de que se les pueda encontrar, tanto de día como de noche. Y, finalmente, disponen de cinturones para que los tres se aten unos a otros. De este modo la deriva no los separará y si se salva uno, se salvarán todos. En nuestra vida siempre hay imprevistos y accidentes. En un buque la peor

¿Aventura o exploración?

situación posible es la de irse a pique. Hay que tener previsto cómo se va a intentar salvar a todos los seres humanos posibles. Esa salvación no está garantizada, pero es mucho más probable que, por ejemplo, si un avión se estrella. Los barcos suelen hundirse lentamente, lo cual da un tiempo precioso para tomar las medidas necesarias. Pero hay que tenerlas previstas y todo el mundo tiene que saber qué hacer. Por eso, al principio de todas las campañas, se hace un adiestramiento de seguridad.

Los accidentes ocurren. Hace unos años participé en una campaña en la Antártida a bordo del rompehielos alemán Polarstern.[2] Una de las tareas del buque era aprovisionar la base alemana Neumayer, que está sobre la plataforma de hielo de Weddell. La mayor parte del transporte se hacía mediante los dos helicópteros. Y, claro, uno de los atractivos de una campaña es volar en helicóptero, bajar a las bases, caminar por suelo firme, conversar con los que están allí y comprar todo tipo de recuerdos. A mí me tocó viajar con dos estudiantes jóvenes. El piloto tenía ganas de exhibirse ante las chicas y empezó a hacer subidas y bajadas repentinas, acercándose mucho al hielo para remontar rápidamente o poniéndose totalmente de costado. La verdad, fue muy divertido. Pero unos años después, uno de los helicópteros del Polarstern se estrelló sobre el hielo y murieron el piloto y los acompañantes. Es muy probable que no se hiciera ninguna

---

2. <https://www.awi.de/en/expedition/ships/polarstern/artikel/the-symbol-of-german-polar-research.html>.

maniobra peligrosa, pero inevitablemente las cosas fallan. A veces se produce el llamado *whiteout*, cuando la neblina y el hielo son del mismo tono de blanco, y es fácil desorientarse, sin saber dónde está arriba y abajo. Y, por supuesto, todos los motores y aparatos fallan de cuando en cuando.

Por eso hay que estar preparado para lo peor. Años antes había hecho otra campaña en el Atlántico Norte a bordo del buque británico Discovery. La campaña duró seis semanas y cada una de esas semanas hicimos un ejercicio de adiestramiento. Sonaba la alarma. Teníamos que dejar inmediatamente lo que estuviéramos haciendo, agarrar nuestro salvavidas previamente asignado y correr a nuestro punto de reunión en la cubierta de popa. El oficial responsable de nuestro grupo pasaba lista para asegurarse de que no faltaba nadie. Y luego corríamos al bote salvavidas y nos encerrábamos dentro de él. El bote tenía forma de un torpedo inflado y todos nos apretábamos sentados en un banco de cara al centro del bote. Era bastante claustrofóbico. Y me imaginaba lo que debía ser estar dentro de aquella cáscara de nuez en una mar arbolada. Pero estos botes son herméticos, tienen un motor con una cierta autonomía, un botiquín y algunos alimentos, entre los que se incluye, por supuesto, agua. Es más, si las olas volcaran estos botes, podrían girar sobre sí mismos para recuperar la verticalidad. En cualquier caso, las primeras veces no encontrábamos el salvavidas, llegábamos tarde, tardábamos una eternidad en sentarnos todos en el bote y cerrar la escotilla. Pero al final habría podido hacerlo con los ojos cerrados. Y ese es precisamente el objetivo de un

¿Aventura o exploración?

adiestramiento. Que llegado el momento podamos hacer lo que hay que hacer sin pensar.

En realidad, el porcentaje de accidentes en campañas científicas es muy pequeño, de modo que ni mis colegas ni yo nos preocupamos por esa remota posibilidad. Pero es cierto que explorar el mar ha exigido siempre tomar riesgos, y sigue siendo necesario. Me maravilla pensar en aquellos exploradores portugueses y españoles que se embarcaban rumbo a América y a las Molucas sabiendo que buena parte de ellos no volverían, que muchos de los barcos naufragarían, o en los británicos que exploraron el Ártico y dejaron sus cadáveres en lugares desconocidos. En realidad, hasta que leí una frase de Roald Amundsen, no me quedó claro el tema. Este gran explorador, mi favorito, fue el primero en llegar al Polo Sur por tierra, el primero en llegar al Polo Norte sobrevolándolo, el primero en cruzar el paso del noroeste en barco y el segundo en atravesar el paso del noreste. Un explorador excepcional. Pues bien, Amundsen decía: «La aventura es un fallo en mis planes». Exacto. Si uno ha planificado bien la expedición y todo va bien, no hay aventura. Lo que hay es exploración. Pero, claro, siempre puede haber un fallo, una tormenta excepcional, un período anormal de mal tiempo, un accidente… Y entonces empieza la aventura. Nuestras campañas científicas son campañas de exploración. Y confiamos en que jamás se conviertan en aventuras. Mientras los tres valientes son izados de nuevo a cubierta, me siento inmensamente agradecido de navegar en el siglo XXI y no en el XVI.

5.
Tempestades y taxonomías

(76º N. 28 de agosto del 2002. Mar de Barents)

He salido a cubierta para intentar evitar el mareo. Tenemos marejada y los zarandeos en el laboratorio me estaban colocando en una situación fisiológica delicada. Está nublado y el viento sopla con insistencia. Tenemos olas de tres metros que nos llegan de costado y el Johan Hjort da bandazos violentos. He estado en tempestades peores. Alguna vez, atravesando el paso de Drake entre Tierra del Fuego y la península antártica, el buque se inclinó hasta 45 grados. Había mar arbolada. En esas ocasiones a uno le llegan todos los miedos: «El buque va a zozobrar; vamos a irnos a pique; con este vendaval no hay salvación posible; la tormenta perfecta...». Entiendo muy bien el terror de Jonás cuando, desoyendo el mandato divino, se embarcó rumbo a otros lugares y se encontró en medio de una tempestad:

> [3] Entonces Jonás se levantó para huir de la presencia del Señor a Tarsis [...].
> [4] Pero el Señor lanzó un gran viento sobre el mar y

Tempestades y taxonomías

se produjo una enorme tempestad de manera que el barco estaba a punto de romperse. ⁵ Los marineros tuvieron miedo y cada uno invocaba a su dios [...].
¹⁰ Aquellos hombres temieron muchísimo y le preguntaron:
—¿Por qué has hecho esto?
Pues entendieron que huía de la presencia del Señor, ya que él se lo había declarado. ¹¹ Y le preguntaron:
—¿Qué haremos contigo para que el mar se nos calme? Porque el mar se embravecía más y más. ¹² Y él respondió:
—Levántenme y échenme al mar y se les calmará; pues yo sé que por mi causa les ha sobrevenido esta gran tempestad [...].
¹⁵ Entonces levantaron a Jonás y lo echaron al mar y el mar cesó de su furia. ¹⁶ Y aquellos hombres temieron grandemente al Señor; le ofrecieron un sacrificio e hicieron votos.
¹⁷ Pero el Señor dispuso un gran pez que se tragara a Jonás. Y este estuvo en el vientre del pez tres días y tres noches.
(Jonás 1, versión de Reina Valera actualizada en 2015).

Pero, vamos a ver, ¿qué clase de pez engulló a Jonás y lo devolvió vivo tres días después? Las interpretaciones modernas se decantan por una ballena, pero la Biblia es un libro de traducción compleja. Fue escrito en su mayoría en el siglo VII a. C. por personas que desconocían el mar. La versión hebrea utiliza las palabras «*dagh gadol*», que se aplican a un gran pez y, en aquella época, a cualquier gran animal marino. La traducción griega utiliza las palabras «*mega ketos*», que pueden traducirse como «enorme criatura marina» o «monstruo marino». De hecho, la palabra moderna para describir a ballenas y delfines es «cetáceo», que claramente deriva de *ketos*. De modo que la Biblia es ambigua. No sabemos si el gran monstruo marino era un pez, un cetáceo o alguna otra cosa.

Es interesante cómo algunas personas que interpretan la Biblia literalmente tratan de justificar las incongruencias de este episodio. En primer lugar, intentan elucidar si el *dagh gadol* era un gran pez, una ballena, un tiburón o incluso un pterosaurio (un animal extinguido varios millones de años antes de que naciera Jonás). Algunos dicen que existen casos de hombres que sobrevivieron en el interior de un cetáceo hasta un día. Obviamente, esto es imposible. Las ballenas jamás engullirían una cosa tan grande como un ser humano porque se alimentan de plancton y por su garganta lo más grande que cabe es una pelota de playa, y las orcas o los tiburones lo descuartizarían a mordiscos antes de engullirlo. Pero nuestra imaginación puebla de monstruos lo misterioso, y el mar ha sido un gran desconocido durante milenios. Una forma en la que nuestros antepasados intentaron poner orden en ese mundo amenazador de los monstruos marinos fueron los bestiarios. Dos de los monstruos de los bestiarios tienen mucho que ver con el Ártico: el unicornio y la ballena.

Fue probablemente en Flandes donde alguien tejió *Los tapices del unicornio* para conmemorar las bodas de Ana de Bretaña y Luis XII en 1499. El unicornio era una especie de ciervo con un solo cuerno, tremendamente fiero y cruel. Por su velocidad era imposible cazarlo. La única manera de dominarlo era presentarle a una virgen. Entonces la fiera quedaba seducida por el aroma de la pureza, se acercaba

Tempestades y taxonomías

y se adormecía sobre el regazo de la doncella. En ese momento el cazador podía apresar a la fiera con facilidad. Toda una metáfora sobre la lujuria y la virginidad. En el museo The Cloisters de Nueva York quedé fascinado por el tapiz en el que la fiera capturada se encabritaba dentro de un cercado rodeado de vegetación. Me sorprendió porque el unicornio era un caballo blanco con un incisivo de narval por cuerno.

«Miel destilan los labios de la mujer extraña y es su boca más suave que el aceite», propone Salomón refiriéndose a la ballena. El fisiólogo dice que «cuando la ballena tiene hambre despide un aroma dulcísimo que embriaga a los pececillos. Los pececillos pequeños e imperfectos se dejan seducir por el aroma y entran en las fauces del monstruo. En cambio, los peces grandes y bien conformados no se dejan engañar porque tienen juicio. Así los seres humanos se dejan o no vencer por el pecado según sean débiles o juiciosos».

Los dos monstruos del bestiario, el narval y la ballena, no son más que dos eufemismos para representar las bioquímicas de la reproducción y la digestión, las dos funciones básicas de la vida, tanto para los cetáceos como para los seres humanos, en el Ártico como en el trópico. Obviamente, esas descripciones se basaban en la imaginación para cubrir los vacíos debidos a la ignorancia. Esos primeros intentos de organizar la vida hoy nos resultan ingenuos y enternecedores. Costó mucho tiempo y muchos estudios hasta que se pudo intentar una clasificación natural de los seres vivos, en el siglo XVIII, con las obras monumentales de Carl von Linné (Linneo) y Michel Adanson además de las de muchos otros naturalistas. Linneo ya se dio cuenta de que las ballenas no eran peces, sino que se parecían a nosotros en muchos aspectos y que, por lo tanto, pertenecían a la misma clase: los mamíferos. De hecho, un ballenato mama casi cuatrocientos litros de leche al día. Desde que los bestiarios propusieran su visión de las ballenas hemos aprendido muchas cosas sobre ellas. Por ejemplo, sabemos que existen quince especies de ballenas en el suborden misticetos (cetáceos con barbas) y setenta y seis especies de cetáceos en el suborden odontocetos (cetáceos con dientes). Identificar correctamente a cada especie es fundamental por varios motivos prácticos. Por ejemplo, hace algunas décadas, se consideraba que todas las ballenas minke pertenecían a una sola especie, que vivía desde el Ártico hasta la Antártida. Por tanto, para calcular el *stock* y, en consecuencia, cuántos individuos se podían cazar, se consideraba una población muy grande de cerca de medio millón de ballenas. Esta identificación se basaba en que la morfología de las minke era muy parecida en todas sus poblaciones. Sin embargo, las minkes del norte y del sur mostraban algunas diferencias apreciables entre ellas y los zoólogos las habían dividido en dos subespecies. En 1993, estudiando el ADN mitocondrial, se comprobó que, en realidad, había dos especies distintas. En consecuencia, al calcular cuántos individuos hay y, como corolario, cuántos se pueden cazar, ahora los noruegos solamente pueden contar con las poblaciones de minke del norte, no con las de todo el mundo.

Ya se ve que resulta complicado decidir cuándo dos individuos pertenecen a la misma especie entre las ballenas.

Tempestades y taxonomías

Claro, todavía es más complicado decidir cuándo dos bacterias pertenecen a la misma especie. Para empezar, no se ven. Tenemos que mirarlas a través del microscopio. Y, para continuar, las formas son bastante aburridas, la verdad, tienen forma de salchichas, croquetas y albóndigas, nada más. Diferenciar especies de bacterias requiere utilizar técnicas de biología molecular. Y esta es una de las cosas que haremos en esta campaña: analizar las especies de bacterias que hay en el mar utilizando técnicas de biología molecular. Ya sé que suena como un palabro. Pero en realidad es bastante sencillo. Todos tenemos nuestro material genético localizado en una molécula llamada ADN (ácido desoxirribonucleico, otra de las obsesiones de Dalí, además del paisaje de Port Lligat). En esa molécula está encerrada casi toda la información para construir un clon nuestro. Y, es más, también está encerrada la mayor parte de la historia de nuestros antepasados, casi hasta el origen de la vida. Lo que nosotros hacemos es recoger las bacterias y otros microorganismos en un filtro, extraer el ADN y obtener la secuencia de uno de los muchos genes. Hum. La secuencia de un gen. Suena raro, ¿cierto? El caso es que el ADN está formado por una secuencia de cuatro letras. Por ejemplo, esta es parte de la secuencia de un gen en tres especies de ballenas distintas:

Ballena minke boreal (*Balaenoptera acutorostrata*)
AAAAA **G**CTGT ATGTC TTAG**A** GGATC AAACC
CCC**CT TT**TTC CATAC AATAC TAACC GTCTG
CTTAGATA

Bajo la piel del océano

Ballena minke austral (*Balaenoptera bonaerensis*)
AAAAA **A**CTGT ATGTC TTAG**G** GGATC AAACC
CCC**TT** **CC**TTC CATAC AATAC TAACC GTCTG
CTTAGATA

Ballena azul (*Balaenoptera musculus*)
AAAAA **C**CTGT AT**CTT** TTAG<u>A</u> GGATC
AAACC CCC<u>C</u>T <u>CCC</u>TC CATAC AATAC
TAACC **C**TTG CTTAGATA

El gen se denomina «región de control del ADN mitocondrial». En este momento no nos importa lo que quiere decir este nombre. Lo único importante es que está presente en todas las ballenas (de hecho, en todos los eucariotas, como veremos más adelante). Está claro que todas las secuencias contienen solamente cuatro letras distintas: A, T, G y C. Pero la secuencia concreta es única e identifica la especie a la que pertenece cada individuo. Obteniendo esa secuencia de distintas ballenas podemos no solamente identificarlas, sino deducir las relaciones de familia entre ellas. Hagamos un pequeño ejercicio y fijémonos en que la mayor parte de las letras son idénticas en las tres especies de ballena. Por ejemplo, todas comienzan por una secuencia de cinco letras A y todas acaban con una secuencia bastante larga con las letras CTTAGATA al final. Esto es bueno, porque nos facilita alinear las secuencias entre sí y estar seguros de que estamos comparando la misma región del ADN.

Ahora fijémonos en las pocas letras que difieren entre

unas y otras. Entre las dos minkes hay cinco diferencias (en negrita). En cambio, la ballena azul muestra ocho diferencias con la minke boreal y nueve con la minke austral (subrayadas). Con este fragmento tan corto ya vemos que las dos minkes se parecen más entre sí que a la ballena azul. La secuencia que hemos usado tiene solamente 68 letras, pero el gen completo tiene novecientas. Si contáramos las novecientas letras de este gen, veríamos que las diferencias van aumentando. Si ahora quisiéramos reconstruir el árbol genealógico de las ballenas, podríamos colocar cada especie a la distancia adecuada de las demás sencillamente comparando el número de letras diferentes. Este árbol aparece en la figura 3. En biología, este tipo de árboles se llaman filogenéticos, porque intentan reflejar cómo las especies se han ido diferenciando a lo largo de la evolución y, por lo tanto, el árbol refleja la filogenia de las ballenas.

Es fácil ver que la vaca está muy lejos de los cetáceos. Aquí se la ha incorporado como una referencia externa, porque pertenece a otro orden, el de los artiodáctilos (donde también están las jirafas, los cerdos, los antílopes y los corderos). La siguiente división tiene dos ramas: los cachalotes (que son cetáceos con dientes, suborden odontocetos) y las ballenas (suborden misticetos). Y si miramos lo que ocurre en la rama de las ballenas, veremos que forman tres grupos principales. En el de más arriba están las dos ballenas de la familia *Balaenidae*. En la parte inferior tenemos a la ballena franca pigmea, que parece estar sola. En efecto, es la única especie de la familia *Cetotheriidae*. Y, finalmente, tenemos un grupo con el resto de las especies. Según la taxonomía clásica, la ballena gris pertenecía a la familia *Eschrichtiidae* y todas las demás, a la familia *Balaenopteridae*. El árbol muestra claramente que la ballena gris encaja en el grupo del resto de las *Balaenopteridae*. Esta es casi la única discrepancia entre la taxonomía molecular y la taxonomía clásica, basada en la morfología y en los conocimientos acumulados durante décadas de observaciones. Cuando aparecen discrepancias como esta, los zoólogos tienen que reexaminar cuidadosamente toda la información hasta llegar a un consenso. La buena noticia es que las dos taxonomías coinciden en casi todo, lo cual nos da confianza en que tenemos una clasificación robusta de las ballenas, una clasificación *natural*, es decir, que refleja la filogenia y la evolución de este grupo de animales.

El último detalle en el que quiero que nos fijemos es en que las dos especies de minke aparecen juntas, como era de esperar, pero con diferencias considerables entre ellas. Si miramos los números en cada rama, veremos que las longitudes que separan a las dos minkes son de 14 + 28 letras distintas. Esto es muy parecido a las distancias entre la ballena franca y la de Groenlandia (*Balaena mysticetus*): 18 + 19. Por lo tanto, está claro que las dos minkes pertenecen a dos especies distintas. Como ya hemos comentado, este hecho reduce drásticamente el número de individuos de cada una de las dos especies, lo cual es relevante para tomar medidas de conservación y para limitar el número de ejemplares que se pueden capturar. La buena taxonomía es fundamental.

Tempestades y taxonomías

Parece extraño que para clasificar correctamente a unos seres tan grandes como las ballenas tengamos que recurrir al ADN. Lo que ocurre es que la evolución es como una película de la que nosotros solamente vemos un fotograma, el que corresponde al presente. En ese fotograma algunas especies se han separado hace tiempo, mientras que otras están al principio de ese proceso. La morfología no siempre permite discriminar esos estadios primeros de la especiación. Lo verdaderamente maravilloso es que la historia de los caminos que ha seguido la evolución está preservada en esas letras que son distintas entre unos seres vivos y otros. Una vez que tenemos las secuencias de un mismo gen de distintos seres vivos podemos compararlas. Obviamente, los seres vivos más próximos entre ellos tendrán secuencias más parecidas y los muy lejanos tendrán secuencias muy diferentes. Dicho de otro modo, los seres vivos que se separaron en la evolución hace poco, por ejemplo, los chimpancés y nosotros, o las dos minkes, tendrán secuencias muy parecidas, con apenas algunos cambios. En cambio, los seres vivos que se separaron hace mucho tiempo, como las bacterias del yogur y nosotros, tendrán secuencias muy diferentes. De este modo, comparando las secuencias de ese gen de todos los seres vivos podemos construir un árbol filogenético de toda la vida y ver quién está relacionado con quién.

Construir este árbol de todos los seres vivos ha sido un logro relativamente reciente de la biología, apenas hace cuarenta años. Y la visión que nos da de la naturaleza es completamente distinta de la que teníamos antes. Resulta que en este árbol, los animales y las plantas somos unas ramitas secundarias de algunas de las ramas de uno de los tres grandes troncos del árbol de la vida. Les reto a que las encuentren en el árbol de la figura 4. ¿Ya las han encontrado? Bueno, si les cuesta, busquen entre los eucariotas. Abajo a la izquierda estamos los animales y arriba, también a la izquierda, están las plantas. Resulta que la mayor parte de la diversidad está en los microorganismos y que la distancia evolutiva entre un elefante y un protozoo es más pequeña que la que hay entre dos bacterias como las del yogur y la *Escherichia coli* que habita en nuestro intestino. Visto así, el mundo vivo es fundamentalmente microbiano. Esto tiene sentido, porque los microorganismos han tenido mucho más tiempo para evolucionar y diferenciarse. Las bacterias aparecieron probablemente hace tres mil quinientos millones de años, mientras que los animales y las plantas solamente aparecieron hace unos quinientos millones. No es extraño que los microorganismos sean más diversos. Sin embargo, todavía son muy desconocidos, mucho más que los imaginados monstruos marinos. Por ejemplo, recientemente se ha descubierto una nueva especie de ballena de pico. Este es un episodio insólito hoy en día, porque conocemos bien a casi todos los mamíferos, incluyendo los cetáceos. Pero en cada muestra que nosotros recogemos descubrimos centenares de nuevas especies de microorganismos. De hecho, aunque tenemos una buena aproximación al número total de células de bacterias en el mar (el 1 seguido de 29 ceros de la tabla 1), no sabemos a cuántas especies pertenecen. Ni siquiera estamos se-

Tempestades y taxonomías

guros del orden de magnitud (el número de ceros detrás del 1). Algunos científicos estiman que en el mar «solamente» hay unas treinta o cuarenta mil especies de bacterias. Otros calculan que hay un millón. Y una estimación aparecida en junio del 2016 da como número total de especies microbianas en el mar cien mil millones (10^{11} o 100.000.000.000). Ya se ve que los microbiólogos tenemos una tarea ingente si queremos conocer esa enorme diversidad. El mundo de los aromas de la reproducción y la digestión es fundamentalmente microbiano. Las ballenas son prácticamente irrelevantes, tanto en número como en biomasa o en diversidad.

Dando vueltas con estos pensamientos se me ha pasado el mareo. Las olas siguen batiendo al Johan Hjort de costado. Pero ahora cada bandazo es un chute de adrenalina, como si estuviera en un parque de atracciones bajando y subiendo las montañas rusas. Creo que ya es hora de volver al laboratorio y seguir filtrando mis muestras.

6.
Comida, comida, comida

(*76º N. 29 de agosto del 2002.*
Mar de Noruega)

Noruega es un país frío. Un país en el que la agricultura es algo precaria. Tradicionalmente, el invierno se superaba con el bacalao salado y los tubérculos: patatas, nabos y zanahorias. Por eso la cocina popular ha inventado cien maneras de cocinar los tubérculos. Me hago estas reflexiones mientras me voy sirviendo la cena en el comedor del Johan Hjort. Pues sí, vuelve a haber tubérculos. Y vuelven a estar cocinados de una manera diferente. Hoy son *raspeball*, unas bolas cocidas de patata machacada y harina de centeno. Ayer fueron *blandaball*, una croqueta de puré de patata y pescado con un trocito de beicon en el interior. Y el otro día zanahorias con salsa de tomate. Y antes patatas y cebollas con crema y queso gratinadas... Pero mis favoritas son las zanahorias dulces. Hace algunos días entré en la cocina para pedirle a Hans Peter la receta. Hans Peter es el cocinero jefe. Estaba tan sorprendido del éxito de un plato tan simple que me lo explicó físicamente:

—Primero pelas las zanahorias y las cortas en rodajas —dijo, haciendo el gesto de cortar con la mano sobre el mármol—.

Comida, comida, comida

Luego las pones en una cazuela a fuego medio —continuó, esparciendo rodajas de zanahoria imaginarias por encima del fogón—. De cuando en cuando las remueves para que no se peguen y, cuando estén a medio hacer, añades una cucharada de mantequilla y un vaso de azúcar. —Sus manos revoloteaban por encima del fogón esparciendo bien el azúcar—. Y dejas que se acaben de hacer en su propio jugo —concluyó, removiendo una vez más la cazuela invisible.

Hum. ¡Deliciosas! Tengo que probar a hacerlas en cuanto vuelva a casa.

Siempre que voy a una campaña, comer y dormir se convierten en obsesiones. Parece que nunca tenga suficiente de ninguna de las dos. Hay que aprovechar cualquier oportunidad para echarse una siesta o tomar un bocado, porque nunca se sabe cuándo llegará la próxima ocasión. Por ejemplo, si el buque llega a la siguiente estación a la hora del almuerzo, no tenemos más remedio que ponernos a recoger el agua y a filtrar las muestras en ayunas. El ritmo de la campaña no se puede parar. Mantener un buque en funcionamiento es demasiado caro como para desaprovechar algunas horas solamente por la vulgaridad de un almuerzo. Además, siempre existe la posibilidad de que un temporal nos impida seguir muestreando durante unas horas o unos días. Hace unos años, en el paso de Drake, a bordo del Hespérides, tuvimos que pasar dos días al pairo, sin poder trabajar, hasta que el temporal se calmó lo suficiente. Hay que contar con estos retrasos, de modo que mientras la mar lo permita hay que trabajar y trabajar. Así que más de una vez he tardado varias horas en poder comer. La sensación de hambre se hace cada vez más acuciante. Aunque, claro, esto no es nada comparado con el hambre atroz que pasan muchos seres humanos en campos de refugiados, por ejemplo. En la actualidad, para la mayoría de los que vivimos en Occidente, la sensación de pasar hambre es desconocida. Siempre tenemos una pastelería, un bar o una hamburguesería a mano. Pero durante la mayor parte de la historia de la humanidad el hambre ha sido una constante. Por eso, los seres humanos hemos echado mano de todo lo que no fuera venenoso, incluyendo los cetáceos. Como decíamos antes, distintos grupos humanos que vivían cerca de la costa aprovechaban los cetáceos varados como cualquier otro carroñero. Nuestra especie ha tenido un éxito extraordinario gracias a la capacidad para trabajar en grupo, diseñar estrategias y construir armas. En Eurasia, en las Américas y en Australia, la llegada de seres humanos coincidió sospechosamente con la desaparición de grandes mamíferos: los mamuts en Europa y Asia, los perezosos gigantes en Sudamérica, caballos y camellos en Norteamérica o marsupiales gigantes en Australia desaparecieron de forma bastante rápida justo después de la llegada de nuestros antepasados. El fenómeno de la extinción de animales grandes tras la llegada humana sí que está muy claro en colonizaciones recientes, como las de las Hawái, donde los polinesios exterminaron a varias especies de grandes aves terrestres. Las grandes aves no voladoras desaparecieron también en Nueva Zelanda, Madagascar o en las islas del océano Índico, con el dodo como ejemplo mejor conocido. De modo que aunque en los casos más antiguos no está completamente demostrado que la única causa fuera la caza por parte de nuestros antepasados, es una causa muy probable.

En nuestra búsqueda continua de más comida, algunos seres humanos descubrieron que era más productivo cultivar plantas o criar animales que tener que recolectarlas o cazarlos. Este descubrimiento revolucionario cambió completamente la vida. Los seres humanos pasaron de vivir en pequeños grupos que se desplazaban siguiendo la caza a grandes sociedades urbanas en las que había una sobreproducción de alimentos que podía utilizarse para prevenir los años de carestía o para el arte, la ciencia y la religión. Y todavía estamos en esas. Por ejemplo, esta campaña a bordo del Johan Hjort es posible porque nuestra sociedad no requiere que todos nos dediquemos a conseguir alimentos. Mi sueldo y el de todos mis colegas proceden de impuestos que los ciudadanos pueden pagar porque tenemos excedentes de alimentos. De hecho, en las sociedades occidentales nos sobran tantos alimentos que los vamos esparciendo allá donde vamos. Desde la abuela que reparte migas de pan a palomas y gorriones en la plaza de nuestro pueblo, a Jared, el marinero que esta mañana ha arrojado los restos de la pesca por la borda para que los fulmares y las gaviotas se abalanzaran sobre ellos con fruición. Y aunque todavía haya muchas personas que sufren hambre, el resto no paramos de echar comida por la borda. Así que muchas aves marinas, que no son tontas, siguen a los buques con la esperanza de que sobre algo. Y siempre acaban teniendo premio. La melé esta mañana ha sido impresionante. Veo a esos fulmares peleándose por los desechos del almuerzo y no puedo evitar pensar en nuestros antepasados y cómo el hecho de estar siempre al borde de la hambruna habrá marcado nuestra genética y nuestras costumbres para hacernos querer siempre más: comida, comida, comida.

Desgraciadamente, la revolución neolítica de la agricultura y la ganadería todavía no se ha producido en el mar. La pesca es el equivalente de la caza de nuestros antepasados y lo que estamos haciendo con nuestro afán de tener siempre más comida es arriesgarnos a una extinción de especies como la de la megafauna que ocasionaron nuestros antepasados, pero ahora en el mar. Por eso la pesca se ha convertido en algo tan conflictivo. Constituye el modo de vida de muchas personas, pero los métodos cada vez más eficientes son excesivos para que las poblaciones naturales los sobrelleven. En nuestra explotación de los recursos del mar, tenemos que hacer el mismo cambio que hicimos en tierra en el Neolítico, tenemos que pasar de la pesca a la acuicultura. Esto parece razonable. Desde la domesticación del perro, hace unos trece mil años, hemos domesticado unas cuarenta especies de animales terrestres, aproximadamente una nueva especie cada quinientos años. En cambio, en las últimas décadas hemos sido capaces de cultivar hasta doscientas cincuenta especies de animales marinos. Esto quiere decir que los conocimientos sobre la biología de estos animales están creciendo a buen ritmo, lo que permite desarrollar métodos de cultivo para cada vez más especies. Es más, mientras que los animales terrestres domesticados son casi todos mamíferos (además de algunas aves, peces y el gusano de seda), los animales marinos pertenecen a grupos completamente distintos como peces, moluscos, crustáceos o cefalópodos. Todo esto augura un buen futuro para la acuicultura.

Sin embargo, no todos los expertos son optimistas. Por razones prácticas, la acuicultura hay que hacerla cerca de las costas, que ya están muy impactadas por nuestras actividades. Con mucha frecuencia, a los peces cultivados se les dan de comer piensos que proceden de la pesca de peces salvajes, con lo que volvemos a estar como al principio. Y la concentración de individuos que requiere la acuicultura rentable provoca una gran cantidad de excrementos que contaminan las aguas y fomentan la aparición de enfermedades. De modo que aún tenemos mucho que hacer para intentar buscar una solución.

Mi colega Francesc Piferrer, del ICM, me recuerda que muchos de estos problemas de la acuicultura o ya se están solucionando o están en vías de solución. Por ejemplo, el uso de antibióticos está siendo reemplazado por la vacunación de los alevines. Los piensos utilizan cada vez menos harina y aceite de pescado y se diseñan con el tamaño y la flotabilidad idóneas para que se aprovechen al máximo. Es más, se colocan cámaras submarinas y si parte del pienso no es capturado por los peces en las jaulas, se corta automáticamente el suministro. Carlos Duarte, ahora en la Universidad de Ciencia y Tecnología Rey Abdalá, en Arabia Saudí, y sus colegas proponen que es imprescindible desarrollar la acuicultura, más concretamente la maricultura, si queremos alimentar a los diez mil millones de seres humanos que se esperan en unas décadas. Una de las cosas más importantes que hay que hacer es concentrar la maricultura en las algas y los organismos filtradores como mejillones y almejas. La razón de esto es que es mucho más eficiente cultivar organismos que están en un nivel bajo de las cadenas tróficas (como las plantas en tierra o las algas en el mar) que los que están muy arriba. En tierra sería absurdo que quisiéramos comer carne de lobo, porque producirla cuesta cien veces más que el trigo y otros vegetales y diez veces más que la carne de vaca o de oveja. En el mar, en cambio, nos gustan los superdepredadores como los salmones o los atunes. En tierra esto sería el equivalente de, tal como comentan humorísticamente Duarte y colaboradores, comerse a los «comedores de los comedores de lobos». Puede que en un futuro cercano tengamos que olvidarnos de comer bonito o langosta y tengamos que concentrarnos en los tubérculos. Menos mal que los noruegos han inventado una gran cantidad de formas de cocinarlos.

7.
Donde no llegan los turistas
(78º N. 30 de agosto del 2002. Longyearbyen, archipiélago de las Svalbard)

¡No puedo creerme lo que estoy viendo! Fabrice está sentado en un banco en una de las tres calles de Longyearbyen, la peatonal. Y a su alrededor hay una montaña de bolsas de plástico con dibujos de osos polares. Esas bolsas contienen el resultado de la fiebre consumista que nos ha asaltado durante la última hora, nada más pisar el suelo de este pueblo: camisetas, tazas de café, postales, pins, gorras, ceniceros. Por supuesto, todos esos objetos llevan osos polares fotografiados, dibujados, bordados o grabados. A pesar de que no lo hemos visto por ninguna parte, el oso polar es una constante en Longyearbyen. A la salida de la ciudad, una señal de «Peligro, osos polares en toda la isla» nos avisa de que para caminar lejos de las casas hay que llevar un rifle. Porque los osos, particularmente en verano, suelen estar hambrientos y no tienen ningún escrúpulo en incorporar la carne humana a su dieta. A la última persona que destriparon, hace solo un par de años, la encontraron justamente en esa meseta que se ve detrás de Fabrice.

El resto del paisaje es desolador y espectacular. El valle en el que está alojado el pueblo se aleja hacia el interior de Spitsbergen con los restos de las minas de carbón abandonados y el glaciar Longyearbrye, que lo ha excavado, asomado su lengua amenazadora a tan solo unos kilómetros. Las laderas están recubiertas por una hierba rala y corta y las casitas de madera, pintadas con colores pastel, forman un urbanismo desordenado, de pioneros. Todas las viviendas tienen aparcados a la entrada dos elementos esenciales para afrontar el invierno: los esquíes de fondo y la moto-nieve. Y todas parecen estar conectadas por una red de tuberías medio metro por encima del suelo: las cloacas, que no se pueden excavar en el subsuelo porque hay permafrost, el suelo permanentemente congelado.

En Longyearbyen se pueden rastrear los sucesivos estratos de la colonización del archipiélago de las Svalbard. El primero comenzó con el descubrimiento de Willem Barents en 1596 y duró hasta finales del siglo XIX. Durante esos trescientos años las Svalbard fueron el destino de tramperos que pasaban el invierno para cazar zorros y osos, cazadores de morsas que aparecían cada verano y balleneros que establecían aquí sus bases. Los restos de esa cultura hay que buscarlos en los museos, el de Longyearbyen y el Polarmuseet de Tromsø. La impresión que saqué de este museo es que el Ártico estaba casi tan concurrido como las Ramblas de Barcelona y que la fauna humana era igual de variada y pintoresca.

El segundo estrato es el de la minería, sobre todo de carbón. Durante la mayor parte del siglo XX la isla de Spitsbergen albergó empresas mineras neerlandesas, británicas, rusas, suecas y noruegas. Hoy en día solamente quedan dos o tres minas en explotación, pero los restos de esa actividad están por todas partes: traviesas de ferrocarril, transbordadores aéreos, viejas entradas de minas abiertas en las montañas y furgonetas oxidadas. Objetos que le dan a esta isla un interés histórico inesperado y una atmósfera industrialmente nostálgica.

El tercer estrato es el más vivo: el turismo y el sector servicios se están convirtiendo en la principal actividad de la isla. El turismo es evidente por las tiendas libres de impuestos, donde el alcohol es mucho más barato que en Noruega (pero no que en España, por ejemplo), la gran cantidad de recuerdos con osos polares, las empresas de turismo de aventura y los buques de gran pedigrí ártico, como el Polarstjerna o el Profesor Molchanov, reconvertidos y atracados en los muelles a la espera del siguiente grupo de turistas.

En realidad, los cruceros turísticos hacen un trayecto muy parecido al que hemos seguido nosotros, bordeando las costas de Spitsbergen para disfrutar de los glaciares que llegan hasta la costa, las colonias de frailecillos y araos, tal vez la fugaz aparición de un oso polar o de un zorro ártico. Por unos dos o tres mil euros, cualquiera puede disfrutar de estos paisajes insólitos durante una semana (más el vuelo hasta Longyearbyen y la estancia de dos noches en la isla). Pero, claro, el turismo es un arma de doble filo. En la parte positiva está la generación de puestos de trabajo y la creación de conciencia ambiental en las personas que visitan las zonas polares. Incluso se ha llegado a decir que el turismo polar convierte a los turistas en embajadores del medioambiente.

Pero, por otra parte, un buque emite gases de efecto invernadero y la pintura del casco libera metales pesados en el agua. Como mínimo. Cuando las personas desembarcamos, aplastamos la vegetación, en general muy sensible, y contribuimos a la erosión. Si nos acercamos a las colonias de animales, corremos el riesgo de asustarlos y causarles un estrés que perjudica su reproducción. Los seres humanos vamos perdiendo objetos por donde pasamos: papeles, monedas, guantes, gafas, relojes... Es sorprendente la cantidad de cosas perdidas que uno encuentra en las zonas polares. Y estas son cosas que los propietarios seguro que no querían perder. También están los desaprensivos que tiran colillas, cajetillas de tabaco o pañuelos usados. En la Antártida, en la isla Decepción, unos turistas esparcieron semillas de cebada por motivos religiosos. Introducir especies exóticas es una de las peores agresiones que pueden hacerse a un ecosistema prístino. Aunque la intención de esas personas no era la de introducir una especie invasora, su actitud fue criminal. Nuestra especie contamina allá donde va. Siempre dejamos una huella. En los últimos años, unas veinte mil personas han llegado a Svalbard para realizar cruceros y se prevé que la cifra se duplique en unos pocos años. Si se considera que Longyearbyen apenas tiene dos mil habitantes, estas cifras empiezan a ser preocupantes. Incluso con las personas más concienciadas y cuidadosas, cuantos más vayamos a un lugar, más aumentarán la degradación y la contaminación. Encontrar un equilibrio entre los aspectos positivos y negativos del turismo ártico es una tarea delicada.

¿Hasta qué punto está impactando el turismo en las zonas polares? Se han utilizado distintos métodos para intentar averiguarlo. Por una parte, algunos de los países responsables hacen inspecciones aisladas a barcos turísticos. Por otra parte, se han realizado encuestas a operadores y a turistas antes y después de sus viajes. Finalmente, algunos estudios se han basado en analizar los blogs que algunos turistas escriben a su regreso. Las conclusiones son ambiguas. Los operadores son respetuosos con el medio y las normativas. Esto es muy importante y lógico, porque el futuro del producto que ofrecen, un lugar prístino, depende de que lo conserven tal como está. Los turistas en general se muestran cuidadosos. Pero los blogs muestran casos de incumplimiento de normas tanto voluntarios como involuntarios. En la Antártida, el trípode de un turista cayó accidentalmente sobre un polluelo de pingüino. El pollo quedó tan mal parado que hubo que sacrificarlo. Estoy seguro de que el turista no quería que eso ocurriera y que se sintió fatal. Pero cuantas más personas vayamos y cuanto más nos acerquemos, inevitablemente más accidentes ocurrirán. Y esto nos lleva al peor de los accidentes posibles: el naufragio y el consiguiente vertido de combustible en una zona. Para empezar, el petróleo se degrada mucho más lentamente en las aguas polares, porque la temperatura es baja y la actividad de los seres vivos aumenta con la temperatura. Pero, además, están las vidas humanas. Cuando se produce un naufragio, los barcos más cercanos tienen que acudir al rescate. Esto no ofrece ninguna duda. Si hay vidas humanas en peligro hay que ayudar. Pero el resultado es que, en esas ocasiones, buques que estaban realizando investigaciones tienen que abandonar sus planes para socorrer a los buques turísticos en peligro. Ya hemos dicho lo caro que es mantener un barco en campaña. Todo eso son recursos públicos y tiempo de investigación perdidos. Cuantos más cruceros turísticos haya, indefectiblemente, más situaciones como esta se producirán.

Una posibilidad es seguir el ejemplo de los bosques nacionales en Estados Unidos. En ese país, los lugares más espectaculares, como Yellowstone o el Gran Cañón del Colorado, son parques nacionales y están acondicionados para que todo el mundo pueda disfrutarlos, incluso los que tienen alguna minusvalía. Pero en la retaguardia de esos parques hay una superficie mucho mayor de bosques nacionales. Estas zonas no suelen tener la espectacularidad de los parques, pero protegen miles de hectáreas de bosques o desiertos a las que solamente se puede acceder caminando. Claro, si quiero acampar unos días en un bosque nacional, tengo que acarrear todo el equipo y alimentos para esos días. Ya se ve que muy pocas personas se adentrarán significativamente y la huella que quede será limitada. Lo bonito de ese sistema es que si alguien quiere disfrutar de un lugar así, puede hacerlo, pero tiene que hacer un esfuerzo. Hoy en día, hay empresas que ofrecen llevarle a uno a los polos, a la cima del Everest, a cualquier lugar, con el mínimo esfuerzo. Esto no parece adecuado. Si alguien quiere llegar a un lugar remoto, tiene que pagar el precio del esfuerzo. De lo contrario, convertiremos los polos en Disneylandia.

Miro a mi alrededor. Las casitas de colores de la aldea se acaban abruptamente unos centenares de metros más allá de Fabrice y nuestras bolsas de recuerdos. Por detrás, la tundra se eleva en pendientes acantilados hacia la meseta de Platåberget. Los mérgulos (*Alle alle*) forman colonias de miles de parejas en las partes más altas. A la derecha se ve el fiordo de Adventalen, donde los charranes se lanzan de cabeza al agua en busca de pececillos. Al otro lado de Adventalen, los acantilados ascienden hasta las mesetas de la isla donde todavía quedan neveros. El sol del atardecer está dorando la tundra y en la distancia adivino una pareja de renos (*Rangifer tarandus*) comiendo hierba y líquenes. Este paisaje espectacular inspira serenidad. Es emocionante poder estar aquí. ¿Cómo puedo negarles a mis conciudadanos la posibilidad de disfrutar de esta experiencia? Sería egoísta por mi parte decirles que no tienen derecho a conocerlo porque van a contaminar. Confiemos en que el turismo se desarrolle de una forma sostenible. Y que todas las personas con una cierta sensibilidad tengan la ocasión de visitar las zonas polares. Tal vez entonces harán más presión para que nuestra sociedad sea un poquito más respetuosa con la naturaleza.

8.
Los reyes del mar
(78º N. 31 de agosto del 2002.
Grønfjorden, archipiélago de las Svalbard)

Después de tantos días de ver solamente mar, ayer no pudimos resistir la tentación de entrar a saco en las tiendas de Longyearbyen y llenar todas aquellas bolsas de recuerdos. Pero no creo que esos recuerdos materiales duren tanto como la memoria de la salida de la isla a través del Isfjorden: el agua apenas rizada, el trajinar silencioso de los frailecillos (*Fratercula arctica*), el sol oblicuo haciendo aún más dramática la geología de la isla, los glaciares catando con la punta de sus lenguas el sabor salado del mar, un paisaje sereno y remoto como corresponde al ártico. Al cabo de un rato, pasamos frente al Grønfjorden (fiordo verde), perpendicular a Isfjorden. En su costa oriental se ven las casitas de Barentsburg, la segunda población de las Svalbard. Barentsburg es una ciudad minera, donde Rusia mantiene una operación ruinosa por aquello de la importancia política de tener presencia en un territorio de soberanía peculiar.

Pero Grønfjorden tiene otras connotaciones. En 1612 llegó el primer ballenero vasco a este fiordo y llenó las bodegas con aceite de ballenas de Groenlandia. Ese fue el principio del fin para la empresa ballenera vasca. Varios siglos antes, los pescadores de los puertos vascos habían transformado el ocasional carroñeo de un cadáver varado en un arte de caza. Puertos como San Juan de Luz, Fuenterrabía, Pasajes o San Sebastián tenían un vigía permanente, apostado en lo alto de una torre y oteando el horizonte, exactamente igual que Arne y Halvar desde el puente de nuestro buque. Cuando el vigía daba la señal, los mozos salían en pequeñas chalupas, normalmente con ocho remeros, timonel y arponero, en busca de los chorros delatores. La ballena era arponeada a corta distancia, la que alcanzaba el arponero con su brazo y, por ello, la tripulación tenía que maniobrar con rapidez y precisión. Una vez que la ballena moría, era arrastrada hasta el puerto para su procesado. La gran ventaja de la ballena franca (*Eubalaena glacialis*) era que, al contrario que la mayoría, flotaba una vez muerta. De modo que arrastrarla era relativamente sencillo. En realidad, cada puerto del Cantábrico no cazaba más de un par de ballenas al año. Pero, al igual que pasa con los cadáveres en el fondo del mar, una sola ya era una bendición. La grasa se convertía en aceite, las ballenas y los huesos se aprovechaban para manufacturar multitud de objetos y la carne se podía conservar en salmuera para su consumo durante muchos meses. La bendición era tan grande que les compensaba mantener a un vigía, libre de otras tareas, durante toda la temporada en que las ballenas pasaban por el Cantábrico.

La ballena franca aparecía por el golfo de Vizcaya entre noviembre y febrero. El resto del año lo pasaban alimentándose en el Atlántico Norte y en el Ártico. Al igual que las francas del sur en la península Valdés, las del norte llegaban al Cantábrico para parir y aparearse. Con el tiempo, la población se fue reduciendo. La caza de unos centenares de ejemplares al año no parece gran cosa. Pero los cazadores de ballenas tenían preferencia por las hembras con crías. Estas últimas eran más lentas y fáciles de cazar. Una vez atrapadas, era seguro que la madre se acercaría para intentar socorrer a su cría, y así los balleneros tendrían un 2 x 1. Ya se ve que matar a las hembras fértiles y sus crías es la mejor receta para que una especie se extinga. Así que a medida que el número de ballenas iba disminuyendo, los balleneros vascos fueron aventurándose a navegar cada vez más lejos, a las cercanías de Gran Bretaña, Islandia, Groenlandia y Labrador y Terranova, en Canadá. Se dice que tal vez llegaron a América continental antes que Colón, como los normandos. Esto no es seguro, pero lo que sí se sabe es que durante los siglos XV y XVI al menos una veintena de barcos vascos llegaban cada año a esas costas para cazar ballenas de Groenlandia.

Iban muy bien equipados. Por ejemplo, llevaban barriles de sidra. La sidra contiene suficiente vitamina C como para evitar el escorbuto. Cuando llegaban a Terranova, establecían campamentos en tierra para procesar *in situ* las ballenas que fueran capturando. Y una vez que las bodegas estaban llenas de aceite, lo recogían todo y regresaban a sus puertos base. Durante siglos, los marinos vascos fueron los mejores cazadores de ballenas del mundo y ejercieron prácticamente un monopolio. Viajaron a Brasil, a Islandia y al Ártico.

Pero cuando a principios del siglo XVII llegaron a Svalbard, las cosas cambiaron con rapidez. Países como Gran Bretaña, Francia, Países Bajos o Noruega contrataron a balleneros vascos para aprender de ellos y una vez que conocieron sus técnicas los desbancaron. A finales del siglo XVII, los vascos ya no eran nadie en el mundo de los balleneros.

La caza de ballenas, sin embargo, se incrementó en todo el mundo. Un cambio drástico fue la invención noruega del cañón arponero. Ya no era necesario remar en chalupas hasta acercarse al monstruo. Se le podía disparar cómodamente desde el buque. Y más adelante se construyeron los barcos factoría, que pueden realizar el procesado completo de las ballenas a bordo. El resultado fue la reducción del número de ballenas a tal vez un 10 % del que había antes. No es extraño que Arne y Halvar vean tan pocas ballenas.

9.
«Plantánimal»

(*77º N. 2 de septiembre del 2002. Mar de Groenlandia*)

En esta campaña los microbiólogos tenemos nuestro propio laboratorio. Es una sala bastante grande para nosotros cuatro, de unos nueve metros cuadrados. Wenke y yo compartimos una poyata a lo largo de la pared de estribor. En medio hay un ojo de buey, pero no da directamente al mar y, por tanto, la cámara es bastante oscura. Tenemos que usar luz artificial. Fabrice ocupa una pequeña poyata a proa y Ramon se mueve entre la campana de extracción de humos (a babor) y el microscopio. Estoy filtrando agua con dos sistemas diferentes. Uno para ADN y otro para pigmentos. Lo del ADN ya lo tenemos bastante claro. Filtro unos diez litros de agua de mar de cada profundidad en cada estación por filtros de tamaños distintos. Primero paso el agua por un tamiz que retiene todo lo que sea mayor de medio milímetro. De este modo evito que en mi filtro caiga por casualidad un copépodo o un huevo de pez. Luego paso el filtrado por un filtro con un tamaño de poro de tres micrómetros (milésimas de milímetro). En este filtro quedarán retenidos la mayor parte de los microorganismos eucariotas (algas y ciliados). Y lo que atraviesa ese filtro, finalmente, lo paso por otro filtro de un tamaño de poro todavía más pequeño: 0,2 micrómetros. En este quedarán retenidas las bacterias y los flagelados más pequeñitos. Una vez filtrada el agua, coloco los filtros en unos tubitos con un fijador (un conservante) y los meto en un bidón de nitrógeno líquido, con lo que se congelan inmediatamente (el nitrógeno líquido está a -195,8 ºC). De este modo las muestras podrán ser analizadas con garantías cuando volvamos a nuestro laboratorio en Barcelona. Cuando secuenciemos el ADN sabremos qué seres vivos habitaban estas aguas. Y, es más, sabremos quiénes estaban en la superficie o en las profundidades y si eran más abundantes al norte o al sur. Es decir, podremos reconstruir un mapa de la diversidad microbiana a lo largo del rumbo que ha seguido el Johan Hjort. Sin embargo, seguiremos ignorando qué seres vivos había más allá de la ruta que hemos seguido.

El otro sistema de filtración lo uso para los pigmentos. De nuevo, filtro el agua por esos tres filtros sucesivamente y luego los congelo en nitrógeno líquido. En este caso no me hace falta añadir ningún fijador. Cuando volvamos a Barcelona, nuestro colega Mikel Latasa (ahora en el Instituto Español de Oceanografía de Gijón) medirá la cantidad de distintos pigmentos en cada muestra, especialmente la concentración de clorofila, que es el pigmento que les da el color verde a las plantas. Y también es el pigmento más importante en la fotosíntesis que realizan las plantas. Recordemos que en la fotosíntesis, las plantas convierten el CO_2 del aire en materia orgánica, por ejemplo, en azúcar, y para ello utilizan la energía de la luz solar. Parece evidente que cuanta más clorofila haya en un lugar, más fotosíntesis se podrá llevar a cabo, siempre que haya suficiente luz. Entre los microorganismos marinos hay muchos que también tienen clorofila y que también hacen la fotosíntesis. De hecho, hay microorganismos fotosintéticos entre las bacterias y entre muchos de los grupos de microbios eucariotas (figuras 2 y 4). Es más, esos microbios son los que «inventaron» la fotosíntesis miles de millones de años antes de que las plantas aparecieran sobre la tierra. El grupo principal de bacterias que realizan la fotosíntesis en el mar son las cianobacterias (se pueden localizar en la figura 4 como si fuera una versión microbiológica de *¿Dónde está Wally?*). Los géneros más abundantes son *Prochlorococcus* en aguas tropicales y *Synechococcus* en aguas templadas, que, juntos, son responsables de un tercio de toda la fotosíntesis en el mar. Los dos tercios restantes son responsabilidad de microorganismos eucariotas pertenecientes a casi todas las ramas que se muestran en la figura 4.

En cualquier caso, midiendo cuánta clorofila hay en cada muestra tendremos una idea de las zonas más ricas y las más pobres y dónde hay más actividad fotosintética. Evidentemente, a mayor profundidad, menos luz y, por lo tanto, menos clorofila y menos fotosíntesis. De hecho, la luz solar solamente penetra hasta unos cien o doscientos metros de profundidad, así que la mayor parte del océano está en una oscuridad total. La fotosíntesis y, por lo tanto, la entrada de alimentos en el ecosistema solamente pueden llevarse a cabo

«Plantánimal»

en la superficie (la zona fótica). De ahí la importancia de la lluvia de desechos y de los cadáveres de ballenas para el mar profundo.

Tanto la clorofila como el ADN son moléculas, de modo que las técnicas que he mencionado hasta ahora son técnicas moleculares. La verdad es que visto así no parece un palabro tan extraño: en el caso de la clorofila, en realidad estamos midiendo el color verde del mar, y en el caso del ADN, leyendo aquellas secuencias de cuatro letras tan aparentemente monótonas que vimos con las ballenas. Pero mis tres colegas están tomando y preparando muestras para otro tipo de técnicas. Los tres tienen en común que utilizan el microscopio. No hay nada tan fascinante como ver lo invisible: mirar a través de un microscopio y ver los microorganismos con los que estamos trabajando. Al recordarlo, me aseguro de que mis filtraciones siguen su curso sin novedad y me acerco al microscopio donde Ramon está mirando sus muestras. Ramon tiene una querencia por la microscopía incluso más pasional que la mía e insiste siempre en mirar las muestras al microscopio enseguida. Podría guardarlas en el congelador y mirarlas con más tranquilidad al volver a Barcelona. Pero prefiere mirarlas aquí, a pesar de que con los pies tiene que afianzarse en el taburete para que el movimiento del barco no se lo lleve de un lado a otro de la habitación.

—Ramon, ¿qué estás mirando?, ¿me dejas echar una ojeada?

Ramon no me contesta inmediatamente. Está contando microorganismos y no puede distraerse. Después de unos segundos apunta un número en su libreta de campo y se vuelve.

–Sí, claro. Es del último experimento de bacterivoría.

Ramon hace experimentos para ver quién se come a quién en el mundo de los microbios (y así poder poner números a las flechas de la figura 2). Me siento frente al microscopio y ajusto los oculares. En el universo oscuro que se ve tras el microscopio flotan los microorganismos. Hay varios que son relativamente grandes (dos o tres milésimas de milímetro, tampoco se crean). Estos son los eucariotas. Ramon ha teñido las muestras con un colorante específico para el ADN y como la mayor parte del ADN de un eucariota está en el núcleo, se ve muy bien la forma redondeada y azul del núcleo en el interior de esos microbios. Algunos de ellos tienen, además, órganos que se ven de color rojo o naranja. Esos tonos se deben a la clorofila. De modo que esos microorganismos hacen la fotosíntesis. Son el equivalente de las plantas terrestres en el mar. Otros tienen el núcleo, pero no clorofila, así que estos tienen que ser el equivalente de los animales terrestres, las vacas del mar. Y luego hay otros seres mucho más pequeños teñidos de color azul. Estos son las bacterias, que, como tienen el ADN disperso por toda la célula, se ven uniformemente azuladas. Para saber quién se come a las bacterias, Ramon ha traído de Barcelona unas bacterias previamente teñidas de verde. Luego ha tomado una muestra de agua de mar y ha añadido unas cuantas. Después de unas horas de incubación, ha filtrado y fijado las muestras y ahora las está examinando. Efectivamente,

«Plantánimal»

veo un microorganismo con su núcleo, pero sin clorofila, que tiene dos bacterias verdes en su interior. También puedo apreciar que tiene un flagelo. O sea, que cuando estaba vivo, este microorganismo podía moverse gracias a su flagelo persiguiendo bacterias para comérselas. ¿No es maravilloso? Tengo un ecosistema completo en miniatura. Están las algas, que hacen la fotosíntesis, las bacterias, que hacen la descomposición, y los flageladitos, que se comen a las bacterias o a las algas según su tamaño. Es el equivalente del Serengueti con las hierbas haciendo la fotosíntesis, las cebras comiéndoselas y las bacterias y los hongos descomponiendo la materia orgánica bajo la hojarasca.

Pero ¡un momento! Ahí veo un alga (con núcleo y clorofila) que tiene una bacteria verde dentro. De modo que esa alga hace la fotosíntesis y come bacterias, todo a la vez. Y, además, tiene un flagelo, así que también puede moverse. Esto es como si una de las acacias del Serengueti comenzara a correr persiguiendo antílopes para comérselos. Vamos a ordenar las ideas. En el siglo XVIII, cuando Linneo y otros naturalistas empezaron a nombrar a los seres vivos y a clasificarlos según su naturaleza, las cosas parecían claras. Si un ser vivo se movía y se comía a otros seres vivos, era un animal, por ejemplo, la jirafa. Y si era inmóvil y hacía la fotosíntesis, era una planta, por ejemplo, la acacia. Todos los seres vivos conocidos encajaban en uno de estos dos reinos. Unas décadas antes, Anton van Leeuwenhoek había descubierto los microbios, pero nadie sabía muy bien qué eran exactamente. A medida que los microscopios mejoraron y se empezaron a saber más cosas, llegó un momento en el que los casos como el de esa alga que hace la fotosíntesis como una planta, pero que se mueve y come otros seres vivos como un animal, dejaron en evidencia que el sistema de clasificación en animales y plantas estaba mal hecho. No había más remedio que reconocer que sus presupuestos se debían a nuestra ignorancia, no a la realidad de la naturaleza. Ernst Haeckel, en el siglo XIX, intentó solucionar el problema creando un tercer reino: los protistas, un cajón de sastre en el que iban a parar todos aquellos seres que no encajaban en animales o plantas. Como ya hemos visto, en realidad, la mayor parte de los seres vivos son esos protistas y son tan diferentes entre sí que forman los tres grandes dominios del árbol de la vida (figura 4), mientras que animales y plantas hemos quedado relegados a algunas ramitas secundarias.

El problema para realizar una clasificación natural de la vida, una que reflejara las relaciones filogenéticas entre todos los seres vivos, ha sido siempre que incluso con la microscopía electrónica que utiliza Wenche no hay suficientes características morfológicas que permitan identificar a las especies de microorganismos. Por eso es necesario combinar el poder maravilloso de la microscopía con la resolución admirable de la biología molecular.

10.
Navegar es preciso, vivir no es preciso

(75º N. 4 de septiembre del 2002. Mar de Noruega)

Como ya he comentado, Wenche, Fabrice, Ramon y yo nos pasamos la mayor parte del tiempo encerrados en nuestro laboratorio oscuro. Así que de cuando en cuando intento salir a cubierta y disfrutar un poco de la luz natural y del océano. Hemos navegado desde Tromsø directamente al norte entre el mar de Noruega y el de Barents. Luego hemos navegado hacia el oeste por el mar de Groenlandia y al norte hasta la parte septentrional de las Svalbard. No hemos llegado al paralelo 80 por muy poco. Ese será mi *farthest north*, el punto más al norte al que he llegado nunca. Los seres humanos llegaron por primera vez a estas latitudes a finales del siglo XVI, cerca de un siglo antes de que Leeuwenhoek descubriera los microorganismos. En cambio, alcanzar el Polo Norte, solamente 10 grados de latitud más al norte, no se consiguió hasta el siglo XX. Más o menos cuando los biólogos empezamos a darnos cuenta de que los microorganismos de Leeuwenhoek no eran solamente una curiosidad, sino los seres vivos más abundantes y diversos del planeta.

En cualquier caso, una de las cosas más sorprendentes de esta campaña es que, a pesar de haber llegado tan al norte, no hemos visto nada de hielo marino. El único hielo que hemos visto han sido los glaciares de Spitsbergen. La mayor parte del tiempo navegábamos por mar abierto y todo lo que veíamos era agua. Desde cubierta el mar se ve (como dice mi colega Artur Castellón, de la Unidad de Tecnología Marina del CSIC) como una inmensa lenteja azulada dentro de la cual hay turbulencias, zonas de calma, meandros y variaciones sutiles de colores y texturas. Una inmensidad que se aleja hasta un horizonte circular ignorando totalmente nuestra minúscula presencia. Algunos días la única señal de que estábamos en el Ártico eran las largas horas de luz. A estas alturas del verano ya no hay sol de medianoche, pero incluso cuando se pone detrás del horizonte, sigue habiendo mucha luz. Y lo que sin duda me recuerda que estamos en el Ártico son los fulmares (*Fulmarus glacialis*). Los fulmares recuerdan a una gaviota, pero pertenecen a otro orden: los *Procellariiformes*. Las gaviotas son fundamentalmente costeras, no les gusta el mar abierto. En cambio, los *Procellariiformes*, que incluyen petreles, albatros y paíños, son verdaderamente oceánicos. Solamente acuden a tierra firme para poner los huevos y criar a los polluelos. Pero pueden vivir en alta mar durante meses, incluso durante años, sin tocar tierra para nada. Aquí, en el Ártico, solamente se encuentra el fulmar boreal, pero en la otra punta del globo hay decenas de especies distintas. Siempre me ha maravillado cómo se las arreglan para volar miles de kilómetros sobre el océano y no desorientarse y... cómo encuentran la comida en esa inmensa sopa diluida que es el mar. Porque las aves marinas tienen que resolver una paradoja: en el mar tienen una cantidad ingente de comida, pero está muy diluida y generalmente no se distribuye uniformemente por todas partes, sino que hay manchas donde se concentra y zonas desérticas entre medias. Así que las aves marinas deben tener una forma de encontrar esas acumulaciones de comida. Cómo lo hacen se descubrió hace apenas veinte años.

Los *Procellariiformes* se caracterizan por una estructura nasal muy desarrollada y parecería lógico que la utilizasen para encontrar comida. Gabrielle Nevitt, de la Universidad de California en Davis, exploró esta posibilidad en una serie de experimentos con mucho ingenio. En un primer estudio homogeneizó dos kilos y medio de kril, los filtró y los disolvió en aceite vegetal. Desde un barco vertió este aceite sobre la superficie del mar. Y a continuación observó el número de aves que se acercaban. Comparando los resultados en manchas con aceite y kril (experimentales) con manchas que nada más tenían aceite (controles), pudo demostrar que algunas especies eran atraídas por el olor del kril y otras no. El albatros ojeroso (*Thalassarche melanophrys*), el petrel del Cabo (*Daption capense*) y el petrel gigante del sur (*Macronectes giganteus*) se acercaban a las manchas con olor a kril y no hacían caso de las que solo tenían aceite. En cambio, el paíño de Wilson (*Oceanites oceanicus*) y el fulmar antártico

(*Fulmarus glacialoides*) se acercaban tanto a unas como a las otras, lo que sugiere que les atraía el olor del aceite, pero no el del kril.

En una segunda serie de experimentos, la doctora Nevitt utilizó manchas de aceite con un compuesto volátil: el dimetilsulfuro (DMS). El DMS es un subproducto del plancton. Muchas algas del fitoplancton sintetizan dimetil sulfoniopropionato (DMSP), una sustancia con diversas funciones, como la de equilibrar la presión osmótica entre el interior de las células y el agua de mar, por ejemplo. Cuando las algas mueren o se las come el kril, este compuesto se libera al medio y una parte es transformada en DMS por los microorganismos. El DMS es una sustancia volátil; de hecho, cuando notamos olor a marisco es gracias a este compuesto. Evidentemente, cuanto más plancton haya en una zona, más DMS se producirá y se esparcirá por la atmósfera. En consecuencia, para un ave que se alimenta de kril sería muy interesante poder detectar el DMS. En general, las aves que se alimentan de noche respondían al olor. Los albatros, por el contrario, se alimentan fundamentalmente de día y entonces, seguramente, las señales olfativas no son tan importantes como las visuales.

Este asunto tiene todavía otra vuelta de tuerca. Hemos dicho que muchas algas fabrican un compuesto llamado DMSP para muchas funciones. El caso es que el kril y otros miembros del zooplancton se alimentan de estas algas, pero son unos glotones con muy pocos modales y al comer se dejan muchos restos y se derrama buena parte del contenido de las algas. Esto se denomina «alimentación chapucera». Y, claro, con ese contenido también se derrama DMSP, que las bacterias se apresuran a convertir en DMS, que se evapora y pasa a la atmósfera. El resultado de esta cadena de hechos es que allá donde el zooplancton se esté dando un festín, el tufo a DMS será mucho más alto. Justo lo que están buscando las aves marinas: un lugar donde el olor a marisco revele que hay una acumulación de zooplancton para comérselo. Es decir, que al comerse a las algas, el zooplancton está atrayendo a sus propios depredadores. Hay una cierta justicia poética para las algas en esta complicada interacción entre algas, bacterias, zooplancton y aves.

En la naturaleza todo está relacionado y resulta muy complicado desentrañar cómo funcionan esas relaciones. Pero entender el papel que desempeña cada organismo en el funcionamiento del océano es fundamental para mejorar los modelos de cambio climático, por ejemplo. Como veremos más adelante, el DMS que pasa a la atmósfera no solamente atrae a las aves. También representa un papel importante en la formación de nubes y seguramente en la regulación térmica del planeta. Más vale que deje de admirarme con los fulmares y regrese al laboratorio. Hay que seguir recogiendo cuantos más datos mejor.

11.
Liberad a Willy

(71º N. 7 de septiembre del 2002. Mar de Noruega)

Hoy es la última noche a bordo y tenemos una pequeña celebración de fin de campaña. La gente ha ido sacando las botellas que compró en Svalbard y aquí estamos, en la sala de la televisión del barco, dispuestos a pasarlo bien. La conversación alterna entre el noruego y el inglés. De modo que no nos enteramos de todo y tenemos que intervenir con frecuencia para reconducirla al inglés.

Sale el tema de Willy. La orca protagonista de la película *Liberad a Willy*, que fue liberada en Islandia, ha aparecido en las costas de Noruega y todos los periódicos del mundo se maravillan de que haya elegido precisamente el único país de la zona que caza ballenas.[3] A mí me parece coherente. Los noruegos no cazan orcas (*Orcinus orca*) y, en cambio, las orcas sí que cazan ballenas. Así que en Noruega Willy tiene que sentirse acompañado por seres humanos que lo comprenden, ya que sus congéneres parece que no lo acep-

---

3. <https://es.wikipedia.org/wiki/Keiko_(orca)>.

tan. La conversación deriva en un momento dado hacia la caza de ballenas.

—Deberíamos prohibir comer animales —dice Penny, defendiendo la postura más extrema—. Todos deberíamos ser vegetarianos.

—La cuestión no es esa, sino que solo deberíamos matar animales domésticos. Los que nosotros mantenemos, pero no los que viven salvajes —añade Jarle.

— ¿Y por qué no? Los seres humanos somos omnívoros, somos un depredador más, ¿por qué no íbamos a cazar animales salvajes? —interviene Randi, la jefa de campaña.

—Porque los estamos extinguiendo —contesta Penny.

—En eso estoy de acuerdo —sigue Randi—. No hay que cazar a los animales en peligro de extinción. Pero las minkes no están en peligro. Ahí está el problema, que los que se oponen a la caza de ballenas no distinguen entre la azul, que sí está en peligro, y la minke, que no lo está.

—He leído que para saber cuántos individuos hay de una determinada especie de ballena, hay que matar a unos cuantos —apunto yo—. Que así se puede determinar la edad de esos individuos y que solamente con esos datos se puede calcular cuántas ballenas de esa especie hay.

—Sí, eso es lo que los japoneses llaman la caza científica. Pero, en realidad, cazan muchas más de las necesarias —salta Penny.

—Y, lo que es peor —añade Ramon—, unos investigadores norteamericanos analizaron el ADN en la carne de ballena supuestamente de minke en varios mercados japoneses y una buena parte era de otras especies. ¡De especies protegidas!

—Pero en Noruega no es así. Aquí hay un control muy estricto —interviene Magnard.

—Y, además, si se permite cazar a los cazadores tradicionales, ¿por qué la gente de Groenlandia o de Saint Vincent son cazadores tradicionales y los noruegos no? —dice Wenche—. Mi abuelo era cazador de ballenas. El hermano de mi amiga Mona es pescador en la isla de Senja y todos sus antepasados han cazado ballenas. ¿Por qué los inuit sí son cazadores tradicionales y nosotros no?

—Halvar y Arne (¿Dónde deben haberse metido?) también cazaban ballenas, pero tuvieron que dejarlo. Porque todo son pequeñas empresas familiares que ya no pueden soportar las presiones ni los costes. Ahora les sale más a cuenta contar ballenas para el Gobierno.

—En Islandia han arruinado a muchas familias prohibiendo la caza y aquí acabará pasando lo mismo.

—Por lo menos habría que matarlas sin que sufrieran. Y lanzar un arpón a toda velocidad contra una ballena y hacer que explote una vez que está dentro no parece muy piadoso —contraataca Penny.

No sé si serán los efectos del vino después de tantos días de abstinencia o la complejidad del tema, pero los razonamientos se van confundiendo en mi mente. Cada vez me cuesta más decidir si estoy de acuerdo o no con cada afirmación. Todos los argumentos parecen tener algo de razón. Me parece que en este, como en casi todos los temas de la vida, hay muchos ángulos desde los que mirar la situación. Cuando uno se fija en los matices, las cosas se complican y no es fácil tomar decisiones. No hay una respuesta única y sencilla. Me recuerda aquella metáfora de Salvador Espriu cuando escribía que «el espejo de la verdad se rompió en mil pedazos y cada fragmento recoge una pizca de luz auténtica». Ser consciente de esta complejidad es el primer paso para no ser arrastrado por los fanatismos. En cualquier caso, esta reunión ha servido para desmentir dos tópicos: los noruegos no son ni fríos ni tímidos.

12.
Punto final
(*69º N. 8 de septiembre del 2002. Tromsø*)

Esta mañana hemos atracado en Tromsø. El Johan Hjort está abarloado con el G.O. Sars. Son barcos gemelos, pero el segundo está a punto de ser desguazado y convertido en chatarra. La campaña de la que acaba de volver será una de las últimas que haga. El casco se ve oxidado, las ventanas del puente, sucias, la estructura interna, anticuada. Transmite la vaga tristeza de la senectud.

Los fiordos que rodean Tromsø muestran la misma belleza que cuando salimos hace tres semanas. Pero el arbolado se ha vuelto de color amarillo, la noche se ha hecho más larga, el sol tímido del otoño ya no es capaz de compensar el frío de la brisa. La terraza del restaurante Skarven está vacía y para probar la carne de alce y de reno tenemos que refugiarnos en el interior, bajo la luz tambaleante de una vela. Dentro de poco caerán las primeras nevadas y los habitantes de esta ciudad se prepararán para otro invierno en la oscuridad, para quitar la nieve de las aceras cada mañana, incluso para salir por la ventana esos días en los que las nevadas acumulan más de dos metros de nieve contra las puertas.

Punto final

Mientras hago las maletas y recojo mi camarote me doy cuenta de que los finales de campaña siempre me ponen un poco triste. Hay una cierta nostalgia por las sensaciones intensas que se viven en la mar. Intercambiamos direcciones con los colegas que hemos conocido, hacemos promesas de visitarnos. Pero sabemos que lo más probable es que no volvamos a ver a la mayoría de esas personas con las que hemos convivido intensamente, que han sido nuestra familia y nuestros amigos durante estos días. Y tampoco sabemos si tendremos otra oportunidad de volver a lugares tan remotos y atractivos como las zonas polares.

El Ártico es donde las temperaturas medias están aumentando más rápidamente, donde el calentamiento global es más patente. La superficie de hielo marino es menor cada verano y el hielo es más delgado. En las costas del Ártico el permafrost se descongela cada vez a mayor profundidad y por más tiempo. Las casas se cimientan sobre pilotes clavados en el permafrost. Cuando este se funde, los cimientos se mueven y las casas se resquebrajan y se hunden. Y, sin embargo, las zonas polares son todavía muy poco conocidas. Precisamente porque son remotas y las condiciones de trabajo son duras, la logística muy complicada y cara, y la seguridad más precaria que en otros lugares. Por todo eso es necesario continuar haciendo campañas, recabando datos, realizando experimentos y mejorando los modelos que nos permitan predecir qué pasará en un futuro y cómo podemos adaptarnos a esos cambios con el mínimo posible de infortunios para los seres humanos.

Cada vez que se acaba una campaña me hago la misma pregunta: ¿volveré? Y eso me recuerda de nuevo a las ballenas. Hace dos años estaba en el Polarstern, un rompehielos alemán, realizando una campaña similar a esta pero en el mar de Weddell, en la Antártida. Cuando ya abandonábamos el continente helado, a punto de cruzar el paso de Drake una vez más, subí a cubierta para despedirme. Durante mucho rato no vi más que algunos témpanos flotando en la inmensidad azulada. Pero entonces apareció una yubarta. Primero vi el característico chorro doble, luego apareció el lomo con la aleta desproporcionadamente pequeña y finalmente la cola. Pensé que se hundía, pero aguantó unos segundos, con la cola agitándose por encima de la piel del océano. Estoy seguro de que no era eso, pero parecía como si me saludara, como si me estuviera diciendo adiós, o tal vez hasta pronto. Este recuerdo se mezcla con la sopa de ballena de hace unas semanas y me hace sentir todavía más culpable. Tal como hemos visto, si las ballenas se extinguieran, seguramente no cambiarían grandes cosas en la biología del océano, pero desde luego sería un hecho moralmente inaceptable.

13.
Debriefing
(40º N. Agosto del 2016. Aguilar de Campoo, España)

Cuando se acaba una campaña todos tenemos muchas ganas de regresar a casa, abrazar a la familia, volver a ver a nuestros amigos y compañeros de trabajo, y mantener una conversación sin tener que compensar los movimientos del barco flexionando alternativamente las rodillas. En breve, de volver a nuestra rutina. Pero en algún momento hay que tener una reunión para hacer un resumen de la campaña. Hay que analizar lo que ha ido mal y lo que ha ido bien. Hay que intentar mejorar las cosas para la próxima campaña y también tenemos que hacer un plan de cómo y quién analizará los miles de muestras que hemos tomado y cómo vamos a escribir y publicar los resultados. Del mismo modo, esta campaña virtual que hemos concluido también necesita un *debriefing*.

Las ballenas han sido el hilo conductor. Nuestra relación con ellas ilustra muy bien nuestra relación con el mar y con la naturaleza en general. Al principio inventamos monstruos y fábulas, como en los bestiarios y en la Biblia, porque lo desconocíamos casi todo y lo desconocido siempre es misterioso y amenazador. A medida que nuestra capacidad de navegación y nuestros conocimientos aumentaron, pasamos a capturarlas como otro recurso alimenticio más. Desde los yámana, pasando por los vascos y llegando a los buques factoría japoneses o rusos del siglo XX, hemos cazado ballenas de una forma cada vez más eficiente, sin preocuparnos de nada más que de capturar más ejemplares y más grandes. Hasta que nos hemos dado cuenta de que las ballenas ya no eran tan abundantes y que corrían peligro de extinguirse y, lo más importante, que los responsables éramos nosotros. A partir de ese momento se han hecho esfuerzos primero por regular y luego por prohibir la caza de ballenas. Hoy en día apenas queda una caza testimonial por los inuit y los noruegos. Y la «caza científica» de los japoneses. Pero las tres iniciativas parecen destinadas a desparecer. Y, en cambio, las ballenas se ven ahora como un recurso para el turismo. A los seres humanos, que cada vez vivimos en ambientes más urbanizados, nos apasiona volver en vacaciones a «la naturaleza» y poder ver a esos monstruos marinos de cerca. Ya hemos visto que el turismo, como casi todo, es un arma de doble filo. Por una parte, crea conciencia ambiental en las personas, genera puestos de trabajo y ayuda a proteger ambientes y seres vivos. Pero, por la otra, cuantos más turistas haya en una zona, más aumentará la contaminación y su degradación.

Desde el punto de vista metodológico, hemos visto que las campañas a bordo de buques oceanográficos son la forma

Debriefing

más directa de aprender sobre el mar, pero que tienen el inconveniente de recorrer solo una pequeña parte del océano y de que están sometidas a las inclemencias del tiempo. Hemos aprendido a contar el número de individuos de los seres vivos marinos, desde las ballenas a las bacterias, y hemos podido hacer comparaciones. También hemos mirado a través del microscopio para ver a esos «plantanimales» que se mueven y comen, pero que hacen la fotosíntesis. Una de las herramientas más reveladoras que hemos utilizado ha sido la biología molecular, que, comparando las secuencias de letras en el ADN, nos ha permitido definir especies con precisión y reconstruir el árbol filogenético de la vida. Y hemos visto que todavía ignoramos con cuántos seres vivos compartimos nuestro planeta, pero sabemos que la inmensa mayoría son microorganismos.

El olfato de algunas aves marinas y su atracción por el DMS nos ha permitido comprender la complejidad de las relaciones entre seres vivos en el mar. Siempre, a cualquier acción le corresponden varias reacciones, a veces verdaderamente sorprendentes. Nuestra conclusión principal es que lo importante (los microorganismos) es invisible a los ojos. Ha sido invisible hasta hace solamente unas décadas. En las siguientes partes de este libro vamos a cambiar la perspectiva. En la segunda veremos lo que los satélites nos han revelado sobre el océano. Les daremos una perspectiva global a los datos que habíamos tomado desde los barcos. Y en la tercera nos sumergiremos en submarinos y batiscafos para intentar ver directamente lo que ocurre bajo la piel del océano.

SEGUNDA PARTE
El océano desde el espacio

14.
La era espacial y el océano

Apenas tenía uso de razón, pero, a pesar de que era de noche, recuerdo la escena con mucha claridad. Mi padre me había llevado a la azotea de nuestra casa en Barcelona y me estaba enseñando las constelaciones más fáciles: la Osa Mayor, la estrella polar, la uve doble de Casiopea. Entonces, por occidente, apareció una estrellita que se movía. No era muy brillante pero podía distinguirla nítidamente mientras atravesaba la bóveda a gran velocidad. Mi padre se agachó y, mientras señalaba la estrellita viajera, me susurró al oído una palabra misteriosa: «Sputnik».

Tardé bastantes años en comprender que había tenido el privilegio de asistir al nacimiento de una nueva era. Los Sputnik no podían hacer grandes cosas. Muchas veces, el solo hecho de llegar a una órbita y seguirla tal como se había planeado ya era un éxito. Hubo muchos fallos y accidentes. Murió la perrita Laika y también murieron otros animales antes de que Yuri Gagarin hiciera el primer viaje al espacio tripulado por un ser humano en 1961. Comenzó la carrera espacial y Neil Armstrong pisó por primera vez la Luna en 1969, apenas una década después del lanzamiento del primer Sputnik. Me parece que uno de los resultados de esta carrera espacial que tuvo mayor trascendencia fue una humilde foto. Una foto de la Tierra que los astronautas del Apolo VIII tomaron desde más allá de la Luna la nochebuena de 1968 (figura 5). Esa imagen de nuestra «casa» desde el espacio, con el aspecto de una canica azul y blanca, flotando perdida en un espacio oscuro e inmenso, con la superficie estéril de la Luna en primer plano, nos hizo conscientes de muchas cosas: de nuestra pequeñez, de nuestra fragilidad, de que el planeta es una unidad, tal vez incluso nos hizo conscientes de que no tenemos más remedio que hacer limpieza y mantenimiento como lo haríamos con nuestro pisito de cuarenta metros cuadrados.

La segunda conclusión de esa foto fue constatar algo que ya sabíamos: que nuestro planeta se debería llamar Agua y no Tierra, porque unas tres cuartas partes de la superficie son agua. La profundidad media del mar es de 3,9 km. De modo que si calculamos el volumen del océano (mil trescientos millones de metros cúbicos), la diferencia con la superficie emergida de islas y continentes es todavía más grande. En realidad, vivimos en unas islas de tierra que se mueven a escala de millones de años como autos de choque en un océano inmenso, dentro del cual no podemos vivir.

Paradójicamente, una gran parte de la humanidad vive cerca del mar. Algunas estimaciones sugieren que la mitad. Como decíamos en la introducción, durante miles de años nuestra especie se asomó a las orillas para pescar y utilizó su superficie para navegar y transportar grandes cargas de un lugar a otro con mayor facilidad que por tierra. Pero no teníamos ni idea de que el océano nos ofrece muchos más servicios y mucho más importantes. De momento, mencionaré solamente dos: 1) la mitad del oxígeno que respiramos procede de los microorganismos marinos, y 2) buena parte del control del clima y de la temperatura del planeta también depende del océano y de sus microorganismos. ¿No me creen? Vamos a verlo gracias a lo que los satélites nos han enseñado sobre el océano y a la radiación electromagnética.

Un arcoíris ilimitado

«La radiación electromagnética puede ser considerada como una forma de energía consistente en campos electromagnéticos que se propagan mediante ondas transportando cantidades discretas (cuantos) de energía. Esta energía solamente se nos pone de manifiesto cuando las ondas interaccionan con algún medio material. En caso contrario, nos resultan indetectables.» Así la define Joaquín Meliá Miralles en su libro *La teledetección en el seguimiento de los fenómenos naturales* (Universitat de València).

En realidad, todo lo que necesitamos saber sobre la radiación electromagnética para este libro se puede entender mirando un arcoíris. Si en este momento no tenemos uno en el cielo, podemos recrear uno en miniatura con una manguera o recurrir a vídeos en internet. El arcoíris típico es un arco de colores difuminados que cambian suavemente de uno a otro. La tradición identifica siete: rojo, naranja, amarillo, verde, azul, añil y violeta. Según parece, Isaac Newton decidió dividir el espectro de colores en siete por su similitud con las siete notas de la música occidental: do, re, mi, fa, sol, la, si. Pero en realidad es un continuo con infinitas tonalidades. Ahora que nuestros ordenadores tienen paletas de millones de colores esta percepción no debe sorprendernos. Cada tonalidad corresponde a una onda con una longitud distinta entre dos picos o entre dos valles. Nuestro cerebro interpreta las longitudes de onda de aproximadamente 650, 590, 570, 510, 475, 445 y 400 nanómetros como rojo, naranja, amarillo, verde, azul, añil y violeta respectivamente (figura 6). Un nanómetro (nm) es una milésima de micrómetro, es decir, una milésima de milésima de milímetro. Si recordamos la notación científica que utilizamos para comparar ballenas y bacterias, un nanómetro es igual a 10^{-9} metros (0,000.000.001 m). El caso es que, como es evidente, entre los 650 del rojo y los 590 nm del naranja hay una infinidad de posibles longitudes de onda y, por tanto, de colores. Este rango de longitudes de onda entre 650 y 400 nm es el que percibe nuestra retina y por ello se denomina espectro visible.

Pero el espectro se prolonga por ambos lados de forma indefinida. Si vamos más allá del violeta, encontramos el ultravioleta, los rayos X y los rayos gamma, con longitudes de onda cada vez más cortas. Las longitudes de onda podrían hacerse infinitamente cortas. Pero los físicos consideran que hay un mínimo: la longitud de Planck ($1,6 \times 10^{-35}$ m). Por debajo de esta longitud, la física ya no se comporta de forma clásica y todo lo que estamos diciendo sobre la radiación electromagnética cambiaría radicalmente. Un aspecto importante es que a medida que las longitudes de onda se hacen más cortas, la radiación es más potente. La radiación visible es inocua para nosotros, pero la ultravioleta ya nos produce quemaduras. Los rayos X son tan potentes que atraviesan nuestros tejidos y por eso hay que reducir al máximo el número de radiografías. Y los rayos gamma son directamente destructivos para los seres vivos.

Si ahora nos trasladamos al otro lado del espectro visible, haciendo las longitudes de onda cada vez más largas, tenemos primeramente el infrarrojo, después las microondas, las ondas de radio y así hasta el infinito. Bueno, los físicos consideran que no sería lógico que existiera una longitud de onda más grande que el universo. Cada radiación interacciona con la materia de formas distintas, pero todas se propagan a la velocidad de la luz y todas sufren los mismos fenómenos que la luz visible. Por ejemplo, nosotros vemos el arcoíris porque los rayos solares se refractan y se reflejan en las gotitas de agua suspendidas en las nubes. Pues bien, el resto de las radiaciones también se reflejan y se refractan. Estupendo, ahora ya estamos en condiciones de volver a los satélites y comprender cómo son capaces de medir todas esas cosas que cada día nos muestran en la sección «El tiempo» de los telediarios: las nubes, la temperatura en la alta atmósfera, las bolsas frías, los vientos, la humedad o la densidad de partículas suspendidas en el aire, por ejemplo. Y también pueden medir muchas variables del mar: la temperatura, la salinidad, la altitud, la cantidad de seres vivos, la producción primaria, el oleaje, las corrientes... Aquí vamos a concentrarnos solamente en unas pocas.

Temperatura

En 1785 Benjamin Franklin, uno de los padres fundadores de Estados Unidos, mandó a *monsieur* Alphonsus le Roy, un colega francés, una carta que contenía «Observaciones marítimas diversas». En esa carta, Franklin disertaba sobre todo lo que se le había ocurrido en sus viajes entre América y Europa para negociar con Francia como representante de la nueva nación americana. La mayoría de nosotros hubiéramos dedicado esos viajes a contemplar el horizonte, a jugar a las cartas, tal vez a sentirnos miserablemente mareados en nuestro camarote. Pero Franklin era demasiado inquieto para eso. Diseñó nuevos tipos de velas para optimizar la navegación, disertó sobre las formas de propulsar una nave, sobre los mejores tipos de anclas y sobre los accidentes marítimos y cómo prevenirlos. Lo relevante para nosotros es que en esa carta Franklin publicó el primer mapa que mostraba la corriente del Golfo.

Unos años antes, Franklin era el responsable del servicio de correos de Estados Unidos. Una de las cosas que le intrigaron era que los barcos que traían el correo de Gran Bretaña tardaban dos semanas más si iban de Falmouth a Nueva

La era espacial y el océano

York que si navegaban de Londres a Rhode Island. Un responsable con mentalidad funcionarial habría aceptado esto como un hecho incontestable. Pero Franklin se extrañó. Los dos puntos de partida estaban prácticamente a la misma latitud y, de hecho, Londres está más lejos de América que Falmouth (en el extremo sudoccidental de Inglaterra). Es cierto que Nueva York está un poco más al sur y al oeste que Rhode Island, pero la diferencia de distancia no parecía justificar la diferencia de tiempo. Así que Franklin consultó a uno de los capitanes de buques balleneros de Nantucket, que enseguida le dijo que sin duda los barcos procedentes de Falmouth debían navegar a contracorriente, mientras que los procedentes de Londres navegarían más al norte, fuera de ella. El ballenero conocía muy bien la corriente, porque las ballenas se encontraban cerca de sus bordes, pero no en su interior. El capitán dibujó la corriente en una carta de navegación para Franklin y este la mandó imprimir para conocimiento de todos los navegantes. La cuestión no acaba aquí. Porque Franklin también ideó un sistema para que todos los navegantes pudieran saber fácilmente si estaban o no dentro de la corriente. Su razonamiento fue el siguiente: dado que la corriente del Golfo procedía del Caribe, sus aguas tenían que estar más calientes que las del Atlántico Norte. De modo que con un sencillo termómetro cualquier navegante debería ser capaz de saber si estaba o no dentro de la corriente. Para comprobarlo, se dedicó a medir la temperatura del agua en sus travesías del Atlántico. Y, efectivamente, pudo demostrar que su hipótesis era cierta. Esta historia me parece ejemplar. Franklin no era un estudioso del océano, sus responsabilidades en esos viajes se limitaban a las negociaciones con las autoridades europeas. No tenía ninguna obligación de hacer nada más. Pero su curiosidad y su inteligencia confluyeron para solucionar un problema de interés oceanográfico y práctico a la vez. Esa es la marca del genio. Desde las medidas de temperatura que tomó Franklin se han acumulado muchísimas más medidas. Hasta mediados del siglo XX, se aprovecharon los trayectos de barcos comerciales para registrar la temperatura del agua. El inconveniente es que los barcos tienen unas rutas determinadas que siguen siempre y la mayor parte del océano quedaba sin muestrear.[4] Otra forma de tomar medidas consistió en abandonar boyas con termómetros en distintos lugares. Algunas fijas y otras a la deriva. De nuevo, esto proporcionaba muy pocos datos y, sobre todo, las boyas tenían que ser visitadas periódicamente para recoger los datos y cambiar las baterías.

Por fin, en la década de 1970, se instalaron sensores de temperatura a bordo de una familia de satélites de la NOAA (Administración Nacional Oceánica y Atmosférica de Estados Unidos). Estos sensores se basaban en que todos los cuerpos emiten radiaciones. Una parte de la radiación emitida por la superficie del mar tiene las longitudes de onda infrarrojas y la cantidad de infrarrojo que emite un cuerpo es proporcional a su temperatura. Cuanto más caliente, más radiación infrarroja. Los satélites, por tanto, determinaban

---

4. <http://www2.hawaii.edu/~jmaurer/sst/>.

La era espacial y el océano

la cantidad de infrarrojo procedente del mar y mediante una serie de modelos y correcciones calculaban la temperatura de la superficie.

Por supuesto, las correcciones no son nada sencillas. Por una parte, el vapor de agua en la atmósfera interfiere con la radiación infrarroja, absorbiéndola parcialmente. Así que el satélite no ve nada si hay nubes. Además, tanto las partículas en suspensión como el propio vapor de agua alteran la señal. Todo esto tiene que ser corregido. Y todavía hay un problema mayor. Un problema irresoluble. La radiación infrarroja que procede del mar solamente indica la temperatura de la piel del océano, una estrecha capa de apenas diez micrómetros de grosor. No sabremos cuál es la temperatura por debajo de esta capa, es decir, no sabremos la temperatura de la mayor parte del océano.

Recientemente se utilizan también sensores de microondas que son sensibles a la temperatura de la piel del océano (10 micrómetros) y de la capa inmediatamente por debajo de la piel (la «hipodermis», 1 mm). Además, las microondas sí que pueden atravesar las nubes, de modo que proporcionan una imagen mucho más completa, aunque su resolución es menor. Los satélites llevan otros sensores para detectar distintas cosas: las nubes, los límites entre la tierra y el agua o entre la nieve y el hielo. Gracias a estos satélites disponemos de datos de temperatura de toda la superficie del mar de los últimos cuarenta años.[5]

5. <https://www.youtube.com/watch?v=vTig9gKegQk>.

La cantidad de información que aportan estas imágenes es descomunal. Franklin se hubiera quedado pasmado y entusiasmado al mismo tiempo. El poder de los datos de satélite es que la cantidad de información pasa de ser un factor limitante a ser muy grande. La variable que se pueda determinar desde un satélite pasa de ser pobre en datos a ser muy rica en datos. Obviamente, esa riqueza es esencial para alimentar los modelos de las corrientes marinas, meteorológicos y de cambio climático.

Salinidad y circulación termohalina

La temperatura es uno de los factores más importantes que determinan tanto las corrientes marinas como las actividades de los seres vivos. Pero, en realidad, las corrientes marinas dependen de la densidad del agua, y esta depende de la salinidad además de la temperatura. Cuanto más salada y más fría, más densa. Y, al revés, cuanto más dulce y caliente, menos densa. Igual que el aceite flota sobre el agua porque es menos denso, el agua caliente tiende a flotar sobre la más fría y la más dulce sobre la más salada. Esto se ve muy bien en el estrecho de Gibraltar, donde se juntan las aguas del Mediterráneo y las del Atlántico. El Mediterráneo es muy salado porque es un mar encerrado por continentes con lluvias escasas y temperaturas altas. Por eso, el agua se evapora y el agua dulce que aportan los ríos no es suficiente para compensar. El resultado es que el agua del Mediterráneo se va haciendo más densa a medida que pasa el tiempo. Al encontrarse en Gibraltar, el agua salada del Mediterráneo se sumerge por debajo de la atlántica, que es menos densa. El agua del Atlántico se desplaza por la superficie desde Gibraltar hasta las costas de Israel y mientras tanto se va haciendo más salada. Cuando el agua regresa hacia el oeste ya es más salada que la del Atlántico. Ya se ve que para poder determinar las corrientes marinas, además de la temperatura, vamos a necesitar la salinidad. Y sería genial poder medirla desde satélites. Así podríamos calcular la circulación en todo el océano casi en tiempo real.

En los últimos años, el proyecto SMOS de la Agencia Espacial Europea (ESA) se ha planteado justamente este reto.[6] Una parte de la radiación emitida por el mar, que se denomina «brillo aparente del mar», varía con la temperatura y la salinidad de la superficie. Y como ya hemos determinado la temperatura con otras longitudes de onda, en principio podemos calcular la salinidad. Por supuesto, todo es más complicado, porque otros factores influyen en el brillo aparente, como la rugosidad de la superficie del mar, que, a su vez, depende del viento, el oleaje y la espuma. También hay que corregir las medidas para descontar la radiación reflejada por el vapor de agua y las gotitas de agua en las nubes, así como por las deformaciones que se producen al atravesar la ionosfera. Con toda esta complicación parece inverosímil

---

6. <http://www.esa.int/esl/ESA_in_your_country/Spain/SMOS_la_historia_de_exito_global_continua>.

que se pueda determinar la salinidad, pero los resultados obtenidos hasta ahora han sido espectaculares.

Para asegurarse de que las medidas tomadas por los satélites son correctas hace falta comprobarlas con las medidas reales hechas desde un barco. Esto se llama *ground truthing*, que podría traducirse por «confirmación sobre el terreno». Mis colegas del ICM, dirigidos por el doctor Jordi Font, han desempeñado un papel muy importante en el proyecto SMOS.[7] Una vez más, este tipo de iniciativas son solamente posibles gracias a un equipo multidisciplinar e internacional. Esta es la única forma en la que la ciencia avanza.

En la figura 7 aparecen mapas de salinidad y temperatura determinados con datos de satélite. Ahí se puede comprobar, por ejemplo, la mayor salinidad del Mediterráneo que del Atlántico. La temperatura es más alta en el ecuador y va descendiendo hacia los polos. En cambio, la salinidad es mayor en las zonas subtropicales que en el ecuador y luego disminuye también hacia los polos. Además, hay claras diferencias entre el Atlántico, que es bastante salado, y los demás océanos, que lo son menos. Es evidente que salinidad y temperatura no van siempre juntas, por eso es imprescindible medirlas las dos. En resumen, gracias a las medidas de temperatura y salinidad tomadas desde satélites, se pueden determinar las corrientes marinas de la superficie de forma casi instantánea. La circulación marina debida a las diferencias de densidad se llama circulación termohalina. Pero hay

7. <http://cp34-bec.cmima.csic.es/new-operational-sss-products/>.

otro factor que influye sobre la circulación y para tenerlo en cuenta todavía tenemos que medir más cosas.

Altimetría

Cuando estudiábamos en la escuela teníamos que memorizar los ríos más caudalosos y sus afluentes, las comunidades autónomas y sus capitales y las montañas más altas y sus alturas. La más alta de España es el Teide, con 3.718 metros, y la más alta de la Península, el Mulhacén, con 3.478,6 metros sobre el nivel del mar. En general esto nos parecía elemental, no adivinábamos la complejidad que se escondía tras la sencilla afirmación de que la cima del Mulhacén está a 3.478,6 metros sobre el nivel del mar. El problema es que eso del nivel del mar no está tan claro. El nivel del mar cambia constantemente con el oleaje, con las mareas, con la rotación de la Tierra, con las corrientes, con las variaciones de la gravedad en distintos lugares del planeta o con el hecho de que la Tierra no es perfectamente esférica sino que tiene forma de huevo. Entonces, ¿cuál es el nivel del mar? En realidad hay muchos niveles del mar distintos y para poder entendernos necesitamos un nivel de referencia. En España, en el siglo XIX, se decidió que el nivel de referencia sería el nivel medio del mar en Alicante. Se eligió esta ciudad porque es una de las zonas de la costa de la Península donde las mareas son más pequeñas. Pero ¿dónde está el nivel medio del mar en el resto del mundo?

Para empezar, la fuerza de la gravedad no es uniforme. En algunas zonas la densidad de las rocas es más alta y la gravedad hace que el nivel del mar sea distinto en diferentes lugares. Luego está la rotación de la Tierra, que empuja el agua hacia las costas occidentales de los océanos y la acumula allí, con lo que aumenta la altura del agua en estas costas respecto a las orientales. Y también está la influencia de la Luna y del Sol, que hacen subir y bajar las mareas. Y los vientos constantes también tienden a causar diferencias de altura entre distintos lugares. En fin, que la superficie del mar varía en altura hasta diez o doce metros entre un lugar y otro. Claro, si en un lugar el nivel es más alto que en otro, el agua tenderá a desplazarse del más alto al más bajo. Y eso genera unas corrientes que se denominan geostróficas. Estas corrientes llevan agua de un lugar a otro, lo que tiene consecuencias muy importantes. Por ejemplo, la corriente del Golfo transporta agua cálida de los trópicos al Atlántico nororiental. Por ello, el clima de Noruega es mucho más suave que el de Canadá, a pesar de estar a la misma latitud. Aunque los movimientos de las corrientes en un punto concreto están cambiando constantemente, la estructura general se conserva. Por ejemplo, la corriente del Golfo oscila formando meandros hacia el norte y hacia el sur, genera un montón de remolinos y acaba disipándose en el mar de Noruega. Pero, en general, la corriente siempre está ahí, más o menos a la misma latitud, tal como mostraba el mapa que publicó Franklin.

Lo que ocurre es que el océano es inmenso y que las corrientes, como hemos dicho, oscilan y cambian constantemente. Sería estupendo poder determinar las corrientes en todos los mares de forma continua. Y esto es precisamente lo que nos proporcionan los satélites que miden la altitud de la superficie del mar. Uno de los primeros satélites en tomar medidas útiles fue el TOPEX/Poseidon, operado conjuntamente por la NASA y el CNES (Centro Nacional de Estudios Espaciales, en Francia). Este satélite proporcionaba en diez días más información sobre las alturas del mar de la que se había recogido en los cien años anteriores. Actualmente, el Jason ha tomado el relevo. Estos satélites utilizan un radar que manda ondas de 13 GHz de frecuencia. Las ondas rebotan en la superficie del mar y el eco regresa a un sensor en el satélite. Como sabemos la velocidad de las ondas de radar (que es la misma que la de la luz), midiendo el tiempo que tarda en regresar el eco podemos calcular la distancia. Sencillo, ¿verdad? Pues no, porque la velocidad de las ondas varía ligeramente con la cantidad de vapor de agua en la atmósfera y con algunas otras cosillas. El satélite hace correcciones para estas desviaciones. Pero, además, la superficie del mar está cambiando constantemente. Si hiciéramos una sola lectura de cada punto, por casualidad unas veces estaríamos midiendo la cresta de una ola y otras el seno. Y esto no es lo que queremos. Queremos la altura media. Para calcularla, el satélite emite 1.700 pulsos por segundo y calcula un promedio de los ecos. Es extraordinario que las medidas tengan una precisión de unos dos centímetros cuando el oleaje puede alcanzar olas de quince o veinte metros.

Bajo la piel del océano

Vale, ya tenemos la distancia entre la superficie del mar media y nuestro satélite. Pero ¿a qué altura está nuestro satélite? De nuevo necesitamos determinar la altura del satélite respecto a un nivel de referencia. Una de las posibilidades es parecida al GPS, pero al revés. En este caso, se ha construido alrededor del mundo una serie de cincuenta faros en tierra cuya posición es conocida. Estos faros emiten rayos láser que detectan la posición del satélite. De este modo se puede calcular la posición del satélite respecto a una superficie de referencia arbitraria que se denomina la «elipsoide». Y a partir de esta altura del satélite y de la distancia entre el satélite y la superficie, se calcula la altura media de la superficie del mar. ¡Uf, por fin!

A partir de la altimetría se puede determinar cómo se desplazan las corrientes. En la figura 8 se muestra un esquema simplificado. Pero los objetivos de la altimetría son mucho más ambiciosos. Se trata de tener mapas de predicción de corrientes parecidos a los que ya tenemos sobre la atmósfera y que cada día nos muestran en la televisión. Hoy en día podemos ver en internet una animación de las corrientes superficiales del océano.[8] Está claro que estas predicciones pueden ser muy útiles para la navegación, la construcción de puertos o la prevención de desastres por tsunamis, vientos y oleaje o por fenómenos como El Niño. Los datos que Franklin recogió pacientemente en sus travesías del Atlántico fueron un comienzo, pero la escala a la que podemos trabajar con los

---

8. <https://en.wikipedia.org/wiki/Ocean_current>.

La era espacial y el océano

satélites ofrece otra dimensión. Por una parte, obtenemos una imagen casi sinóptica (simultánea) de toda la superficie del océano. Y, por otra parte, la obtenemos de forma continua. La próxima vez que veamos el tiempo en la televisión seremos conscientes de que casi toda la información que nos muestran sería imposible sin los satélites.

15.
El color del océano

Cuando salimos al campo el paisaje está dominado por dos colores: el azul del cielo y el verde de la vegetación. En cambio, si nos asomamos al mar, parece que todo sea azul, tanto el cielo como el mar. Todo lo que se ve en la mayoría de las campañas oceanográficas es un círculo de color azul alrededor del buque. Como ya he comentado, mi colega Artur Castellón llama a ese círculo «la lenteja azul». Una lenteja muy aburrida. Pero en junio de 1998, a bordo del buque británico RRS (Royal Research Ship) Discovery, nos rodeaba un mar de color verde lechoso. Y estábamos justamente en ese punto gracias a los satélites. Y gracias a Benjamin Franklin.

Me explicaré. Hace muchos años estudiaba los lagos de la zona de Bañolas (Gerona). En particular, estudiábamos el lago Cisó, una miniatura de apenas veinte metros de diámetro. Una de las cosas que nos interesaban era cómo cambiaban las actividades de los microorganismos de día y de noche. Así que con una minizodiac de juguete nos acercábamos al centro del lago cada cuatro horas y tomábamos las muestras. La verdad, casi no dormíamos. Pero una cosa era clara: el centro del lago era el centro del lago. ¿A que parece una perogrullada? Lo que ocurre es que cuando intentamos hacer lo mismo en el mar, surgen muchas complicaciones. Si mantenemos el barco en una posición fija (esto se llama muestreo euleriano, por Leonhard Paul Euler), corremos el riesgo de que las corrientes hayan cambiado completamente el agua bajo nuestro buque y que los microorganismos que muestreamos a las cuatro de la tarde no tengan nada que ver con los que muestreamos a las doce de la noche. La alternativa es el muestreo que se llama lagrangiano (por Joseph-Louis de Lagrange). En este caso, se deja una boya a la deriva y se va muestreando junto a la boya, confiando en que la boya se mueva con el agua, de manera que siempre estemos muestreando los mismos microorganismos. El problema es que no estamos seguros de que la boya se mueva con el agua. Puede ser que se atrase o que se desvíe, quién sabe. Este es un ejemplo más de las dificultades, a veces irresolubles, con las que se enfrenta un investigador. Por eso, a bordo del Discovery, estábamos entusiasmados con nuestra forma de muestrear. Porque era una forma novedosa de estar seguros de que íbamos a muestrear la misma masa de agua a lo largo del tiempo. De hecho, pudimos seguirla ¡durante 24 días!

El truco consistía en añadir una «etiqueta» a la masa de agua para poder seguirla. Nuestra etiqueta era el SF_6 (sulfuro de flúor, un átomo de azufre y seis de flúor). Este gas tiene la ventaja de que es inerte, no interactúa con nada y puede detectarse a muy bajas concentraciones. De modo que la primera semana de la campaña estuvimos «sembrando» una zona del Atlántico Norte con SF_6. Y luego seguíamos un plan de campaña muy estricto. Durante doce horas el barco recorría la zona y tomaba muestras para medir el SF_6, así sabíamos dónde estaba nuestra agua y el resto del tiempo tomábamos las muestras en el centro de esa masa de agua. El caso es que si uno añade SF_6 en una zona cualquiera del mar, las corrientes, el oleaje y las turbulencias mezclan el agua, diluyendo el SF_6 hasta que la concentración es tan baja que ya no podemos detectarla. Ahí se acaba el experimento. Así que nuestro jefe de campaña había elegido una estrategia segura. Marcaríamos con SF_6 una masa de agua consistente, que pudiéramos seguir en el tiempo con confianza. Para ello recurrimos a la corriente del Golfo y a los satélites. Ya dijimos que la corriente, al rozar con las aguas del Atlántico, genera remolinos a su alrededor. Estos remolinos giran sobre sí mismos rodeados de aguas del Atlántico Norte. Si pudiéramos marcar uno de estos remolinos con el SF_6, sería más probable que la masa de agua se conservara durante suficientes días para estudiarla apropiadamente.

Pero el Atlántico es muy grande, ¿cómo encontrar un remolino? Afortunadamente, los satélites nos mostraron exactamente adónde ir. El TOPEX/Poseidon nos dio la altimetría, el sensor AVHRR (Advanced Very High Resolution Radiometer), la temperatura, y el SeaWiFS, el color del mar. En los mapas de temperatura podía apreciarse un círculo de unos cien kilómetros de diámetro de aguas frías (de unos nueve

El color del océano

grados) rodeado de aguas más cálidas. Esto sugería que una rama de agua cálida se había separado de la corriente del Golfo y había empezado a girar sobre sí misma, atrapando en el centro agua fría del Atlántico Norte. La altimetría nos permitió comprobar que el centro del remolino estaba unos treinta centímetros más alto que las aguas que lo rodeaban. En el hemisferio norte, debido a la rotación de la Tierra, esto implicaba que el agua giraba en el sentido de las agujas del reloj. Es decir, se trataba de un remolino anticiclónico. Cuando en el espacio del tiempo de los telediarios nos muestran el mapa de presiones de la atmósfera, siempre vemos esas zonas más o menos circulares marcadas con una A de anticiclón o una B de borrasca. En un anticiclón los vientos giran en el sentido de las agujas del reloj, mientras que en una borrasca lo hacen en sentido contrario. En el hemisferio sur esto es justamente al revés. En el mar ocurre lo mismo: hay remolinos anticiclónicos y ciclónicos. El nuestro era anticiclónico.

Los físicos de nuestra campaña aprovecharon para hacer *ground truthing* de los datos proporcionados por el TOPEX/Poseidon. Tomando datos de corrientes, salinidad y temperatura desde el barco, pudieron calibrarse las medidas del satélite. Los físicos entonces recuperaron los datos que el satélite había tomado durante los seis años que había estado operativo y pudieron reconstruir todos los remolinos que se habían producido en la zona durante ese tiempo. Esta combinación de datos sobre el terreno y medidas desde satélites es lo que proporciona un poder de análisis extraordinario a la oceanografía moderna.

Bajo la piel del océano

Gracias al TOPEX/Poseidon los físicos pudieron seguir la vida de nuestro remolino durante seis meses más después de que se acabara la campaña. Para los biólogos aún había otro sensor más relevante: el Sea-viewing Wide Field-of-view Sensor (SeaWiFS).[9] Este sensor medía la radiación reflejada por el mar en ocho bandas distintas del espectro visible, más o menos a 443, 490, 510, 555, 670, 765 y 865 nm. Con estas medidas el sensor veía el color del océano. Y entre los colores también veía el verde de la clorofila. Así que pudimos ver claramente que nuestro remolino tenía menos clorofila que las aguas que lo rodeaban. En cambio, la radiación emitida a 555 nm mostraba una mancha blancuzca que ocupaba todo el remolino. Esa radiación es la reflejada por el carbonato cálcico. Por lo tanto, nuestro remolino tenía menos clorofila, pero esta pertenecía a unos seres vivos con caparazones de carbonato cálcico. Esto era justamente lo que estábamos buscando. El Discovery se dirigió a ese remolino localizado 400 km al sur de Islandia para comenzar la expedición. Y así nos encontramos, tal como decía al principio, rodeados de un mar de un color verde lechoso. Incluso antes de tomar la primera muestra y mirarla bajo el microscopio ya sabíamos a qué se debía aquel color: al alga unicelular *Emiliania huxleyi*, un cocolitofórido, es decir, un alga que lleva cocolitos, que son unos pequeños escudos de carbonato cálcico.

Durante las siguientes semanas, estuvimos tomando muestras diarias en ese remolino, intentando entender cómo

9. <https://oceancolor.gsfc.nasa.gov/SeaWiFS/>.

funciona el plancton marino. Nuestros colegas británicos medían la cantidad de clorofila y la actividad de las algas, la fotosíntesis. Como ya hemos comentado, este proceso captura el CO_2 y lo convierte en materia orgánica, por ejemplo, en azúcares, utilizando la energía de la luz. La clorofila es el pigmento que capta los fotones y permite que la energía de esos fotones acabe convertida en ATP, la moneda energética de todas las células de todos los seres vivos. En las últimas décadas, combinando medidas tomadas desde barcos como el nuestro con las imágenes de satélites (figura 9), se ha podido estimar la cantidad total de CO_2 convertida en materia orgánica por los microorganismos marinos. Y se ha visto que es aproximadamente igual que la que fijan las plantas terrestres. Esos seres invisibles que apenas colorean el mar fijan tanto CO_2 como todos los bosques, matorrales, praderas y estepas de los continentes. Y como en la fotosíntesis se produce oxígeno, eso quiere decir que la mitad del oxígeno que respiramos procede de los microorganismos marinos.

La materia orgánica producida por fotosíntesis se denomina producción primaria, porque es la vía de entrada del carbono en las redes tróficas. En tierra esa producción primaria es aprovechada por los consumidores, como las gacelas del Serengueti. En el mar, los consumidores son muy diversos. Por una parte están los protistas que estudiaba Ramon en el Ártico, que se alimentan comiendo las algas más pequeñas. Y luego hay consumidores más grandes, como los crustáceos del zooplancton. Nuestra *Emiliania huxleyi* es un poco demasiado grande para muchos protistas y la mayor parte de sus depredadores son crustáceos. Algunos de nuestros colegas se dedicaban a identificar y contar los miembros del zooplancton y a medir sus actividades de alimentación sobre las algas. De este modo, podíamos calcular la proporción de la producción primaria que pasaba al siguiente eslabón de la cadena trófica: los consumidores. En principio, habríamos podido determinar también los consumidores secundarios, los pececillos que se comen el zooplancton, y luego los terciarios, y así hasta los grandes atunes, tiburones y aves marinas. Pero en un barco, incluso en uno tan grande como el Discovery, no caben suficientes científicos para estudiarlo todo, y nuestra campaña se centraba en la química y en la microbiología. En el Serengueti, unos científicos habrían determinado la cantidad de clorofila en la hierba y en las acacias y la fotosíntesis que llevaban a cabo. Otros habrían cuantificado gacelas, cebras y ñus y calculado cuánta hierba comían, y otros se habrían concentrado en los leones y leopardos y en cuántos herbívoros cazaban. De este modo se puede reconstruir la red trófica de un ecosistema y averiguar los flujos de energía y elementos a su través. En el mar esto es muy parecido, pero hay dos diferencias muy significativas. La primera ya la hemos dicho: en el mar todos los productores primarios y una buena parte de los consumidores son microorganismos. Y la segunda es que en la red trófica marina hay muchos más niveles tróficos que en tierra. ¿Recordamos a los «comedores de lobos» y a los «comedores de los comedores de lobos»? Como en cada paso se disipa parte de la energía, cuantos más pasos haya, menos materia orgánica queda disponible para el siguiente. Por eso ser vegetariano es mucho más eficiente que ser carnívoro y comer sardinas es mucho más eficiente que comer atún.

El tercer componente de los ecosistemas son los descomponedores. En el Serengueti, los animales muertos se aprovechan en parte por carroñeros como los buitres y las moscas. Pero al final, todos los restos de animales y plantas, tanto sus cuerpos como sus excrementos, acaban siendo descompuestos y transformados en CO_2 y agua. De este modo se cierra el ciclo del carbono: el CO_2 de la atmósfera fue fijado por las plantas y regresa a la atmósfera mediante los descomponedores. Tanto en tierra como en el mar, los descomponedores son mayoritariamente microorganismos. En los suelos se reparten el pastel hongos y bacterias, pero en el mar la mayoría de la descomposición se debe a bacterias.

Mi misión a bordo del Discovery consistía, por una parte, en medir las actividades de las bacterias que degradaban la materia orgánica fabricada por las algas y, por otra parte, tenía que recoger el ADN para determinar la identidad de las bacterias presentes en cada momento. De este modo, gracias a la colaboración entre una treintena de científicos, cada uno con su especialidad, podíamos medir todas las actividades y determinar cómo funcionaba el ecosistema. Desde el barco pudimos seguir la abundancia y las actividades de los microorganismos del plancton, las concentraciones y los flujos de gases y contaminantes y las concentraciones de distintos nutrientes con todo detalle. Pero para saber la relevancia global de ese estudio, necesitábamos la perspectiva que nos proporcionaban los satélites. Nuestra campaña se desarrolló en una zona de unos 10 km^2, una miseria. Gracias al SeaWiFS sabemos que las proliferaciones de cocolitofóridos abarcan regiones inmensas, tan grandes como países enteros. Sabiendo esas dimensiones ya no sorprende tanto que los microorganismos marinos tengan una influencia en el clima, ¿no es cierto? De hecho, también la tienen en la geología. Los famosos acantilados blancos de Dover, los que le han dado a Inglaterra el remoquete de la «pérfida Albión», están hecho de fósiles de incontables proliferaciones de cocolitofóridos que se produjeron hace unos cien millones de años, durante el Cretácico, cuando los dinosaurios poblaban los continentes. De los dinosaurios apenas nos han llegado algunos huesos, pero los esqueletos de carbonato cálcico de las algas sedimentaron al fondo del océano y lentamente se convirtieron en creta. Mucho más tarde, las rocas se elevaron por encima del nivel del mar, hasta formar esos acantilados de más de cien metros de altura. Parece inverosímil que estos humildes protistas sean responsables de parte de la geología de nuestro planeta.

Centrémonos en el papel que desempeñan los cocolitofóridos y otras algas en el control del clima. Para ello tenemos que regresar a uno de los compuestos que ya hemos mencionado, el DMS, el que olían las aves marinas para localizar a sus presas. Mi colega Rafel Simó, del ICM, era el responsable de medir las concentraciones de DMS y de los compuestos relacionados, DMSP (dimetil sulfoniopropionato) y DMSO (dimetil sulfóxido), en la campaña del Discovery.

El color del océano

Ya he comentado que mi responsabilidad era medir la actividad y la diversidad bacterianas. Pero, en realidad, mi papel más importante era el de mantener a Rafel despierto. Rafel se había traído un aparato inverosímil, de esos que les gustan a los químicos y aparecen en las películas de ciencia ficción, llenos de serpentines y de mandos y válvulas, de indicadores digitales y reacciones que producen vapores espectaculares. Un aparato que le permitía determinar las concentraciones de DMS, DMSO y DMSP en el agua. Pero cada medida tardaba una infinidad y Rafel tenía que pasar horas y horas frente a su aparato vigilando que todo el proceso funcionara de la forma adecuada. Así que cuando yo acababa mis incubaciones me acercaba a la poyata de Rafel, me sentaba en una silla y le daba conversación, porque su exigente aparato casi no le dejaba dormir.

Y el compuesto que medía Rafel, el DMS, resulta que tiene una importancia extraordinaria en el océano y en el planeta. Repasemos lo que ya hemos aprendido sobre el DMS. Es un producto de degradación del DMSP. Esta última es una sustancia que producen muchas algas para mantener su equilibrio osmótico. Cuando las algas mueren, el DMSP es convertido tanto por algas como por bacterias en DMS y otros compuestos como el acrilato. Cuando el zooplancton devora algas no sigue precisamente las reglas de urbanidad. Su alimentación chapucera (el término técnico en inglés es *sloppy feeding*) esparce fragmentos de algas y materia orgánica alrededor, así que las bacterias lo aprovechan produciendo tanto acrilato como DMS. El primero es tóxico para el zooplancton y el segundo atrae a los depredadores del zooplancton, como ya vimos en el caso de las aves marinas. Está claro que el zooplancton se encuentra en un dilema. Si come algas, genera productos tóxicos y atrae a sus propios depredadores. Pero si no come, se muere. En la naturaleza, este tipo de mecanismos regulan las abundancias de unos y otros seres vivos evitando que ninguno de ellos se extinga. Lo que Rafel estaba estudiando a bordo del Discovery era la posibilidad de que existiera otro mecanismo de regulación mediado por el DMS, pero a una escala mucho mayor, a una escala planetaria, a una escala que James Lovelock había concebido en su teoría de Gaia.

Según esta teoría, el planeta actúa como un organismo que se autorregula. Las interacciones entre todos los seres vivos, y entre estos y la atmósfera, la hidrosfera y las rocas, se las arreglan para mantener unas condiciones tolerables para la vida. Las actividades de la vida mantienen la atmósfera lejos del equilibrio químico. Nuestra atmósfera, por ejemplo, está compuesta mayoritariamente de un gas muy reducido (nitrógeno) y otro muy oxidado (oxígeno). Esto solamente es posible si hay seres vivos cuyas actividades están oxidando y reduciendo compuestos permanentemente. En este sentido, Lovelock aseguraba que no hacía falta ir a Marte para saber que no había vida. Con nuestros telescopios y espectroscopios sabemos que la atmósfera de Marte está en equilibrio químico. Por tanto, según Lovelock, no hay vida.

Esta visión de la Tierra (Gaia) como un organismo es por supuesto muy atractiva. Pero había que buscar qué meca-

El color del océano

nismos podrían estar funcionando para mantener las condiciones compatibles con la vida. En 1987, el propio Lovelock y sus colaboradores propusieron que el DMS era la clave de uno de esos mecanismos. El DMS es volátil, de modo que una vez producido por los microorganismos, pasa a la atmósfera. Allí se oxida a sulfúrico y forma gotitas ácidas que actúan como núcleos de condensación del agua. Es decir, fomentan la aparición de nubes. Si en una zona determinada hay más producción de DMS, también se formarán más nubes. Bueno, ¿y qué? Pues que si hay más nubes, habrá menos radiación solar que llegue a la superficie del planeta. Es decir, la producción de DMS por los microorganismos marinos contribuirá a que la Tierra se enfríe. ¡Espectacular! Las proliferaciones de algas productoras de DMS podrían paliar el calentamiento global fomentado el incremento de la nubosidad. Pero para que un mecanismo sea de retroalimentación, faltaba la segunda parte. Había que demostrar que al aumentar la radiación solar y, por tanto, la temperatura, los microorganismos marinos producirían más DMS. Las medidas de Rafel en el Discovery y mucho trabajo posterior en el ICM contribuyeron a que entendiéramos mejor cómo funciona este sistema de autorregulación de la temperatura del planeta. En efecto, al aumentar la radiación solar aumentaba la producción de DMS. ¿No es maravilloso? Los microorganismos marinos no solamente producen la mitad del oxígeno que respiramos, sino que también contribuyen a regular la temperatura del planeta. Como hemos dicho ya varias veces, son pequeños y no se ven, pero son muchos y sus actividades tienen consecuencias para toda la Tierra.

Varias veces me tocó muestrear de noche. Salíamos a cubierta con nuestro traje impermeable, casco y botas reforzadas. Los marineros izaban el CTD a bordo y nosotros empezábamos a llenar botellas, tubos y garrafas con el agua de distintas profundidades. Mientras esperaba a que se llenara una de mis garrafas, miré hacia el cielo. No se veían muchas estrellas, la verdad, porque las luces del barco nos deslumbraban. Pero recordé aquel momento en el terrado de nuestra casa de Barcelona, cuando mi padre me reveló la existencia de los satélites artificiales. Desde la cubierta del Discovery pensé que nuestra campaña no habría tenido sentido sin los satélites. Pensé que solamente gracias a los satélites podíamos tener una visión certera y global de nuestro mundo, que la imagen de la Tierra tomada por los astronautas del Apolo era solamente el principio de una revolución en nuestro entendimiento de cómo funciona el planeta. Mientras yo llenaba modestamente mi garrafa con agua de mar, los herederos del Sputnik iban pasando por encima de nuestras cabezas para darnos tanta información como pudiéramos asimilar. Definitivamente, la era espacial ha cambiado nuestra visión del universo, pero, y creo que es aún más importante, ha cambiado drásticamente nuestra visión del planeta en el que vivimos.

16.
Las grandes migraciones

Es raro, pero algunas veces el mar está completamente calmado. La superficie es una llanura inmóvil. No hay ni siquiera unos rizos causados por la brisa. El agua tiene un aspecto oleaginoso y el ambiente, algo de misterio. A finales de enero de 1996, el buque de investigación oceanográfica Hespérides[10] estaba exactamente en esa situación. Y centenares de aves marinas nos rodeaban. Teníamos unos ochenta albatros ojerosos (*Thalassarche melanophrys*), un centenar de petreles gigantes del sur (*Macronectes giganteus*) y docenas de fulmares (*Fulmarus glacialoides*) y petreles de El Cabo (*Daption capense*), todos reposando sobre esa superficie aceitosa, esperando a que algo ocurriera, como en la película *Los pájaros*, de Alfred Hitchcock. En realidad, la situación no tenía nada de misterioso. Las aves marinas necesitan el viento para volar y cuando hay calma prefieren reposar sobre la superficie y esperar a que el tiempo cambie. Para nosotros

---

10. <http://www.utm.csic.es/hesperides>.

es paradójico. Nosotros preferimos la calma y las aves marinas, el viento.

Solamente unos días antes teníamos fuerte marejada. Cuando salí a cubierta dando tumbos, las olas nos venían de popa. Veía una montaña de agua que se nos aproximaba por la popa. El buque se hundía y se hundía cada vez más abajo mientras la montaña de agua crecía. Y, luego, cuando nos alcanzaba, la popa se elevaba con elegancia y la ola seguía adelante. Había tres albatros errantes (*Diomedea exulans*) volando en paralelo. Son un espectáculo asombroso. Se enfrentan al viento inclinando ligeramente las alas y se elevan unos diez metros sobre la superficie, entonces giran a sotavento y pierden altura hasta rozar las olas con la punta de las alas. Giran de nuevo y vuelven a elevarse. Esta forma de volar se denomina planeo dinámico y permite a los albatros volar sin mover las alas y sin gastar prácticamente energía. Así, mientras haya viento, pueden desplazarse por el océano, recorriendo miles de kilómetros, sin problemas. El único pero es que el viento tiene que ser como mínimo de unos 15 nudos (30 km por hora), lo que en la escala de fuerza del viento de Beaufort se denomina «bonancible» o «brisa moderada» y tiene el número 4. Por encima de esta fuerza, la escala de Beaufort llega hasta el número 12 («huracán») con velocidades superiores a los 118 km por hora. Si el viento fuera menor de esos 15 nudos, los albatros tendrían que aletear para volar y les resultaría demasiado caro en términos de energía. De modo que sencillamente se posan sobre el agua y esperan.

Las grandes migraciones

Pero la mayor parte del tiempo, el viento los acompaña y los albatros vuelan por el océano acercándose al buque y alejándose hasta perderse en el horizonte. Hasta hace unos años, seguirlos era imposible. Solamente podían observarse desde barcos como el Hespérides, durante las pocas horas en que volaban cerca. Sin embargo, los satélites han cambiado completamente esta situación. Ahora las aves marinas se pueden instrumentar. Se pueden pegar pequeños transmisores a sus plumas. Suficientemente pequeños para que no les molesten. Pero a la vez bastante potentes como para comunicarse con algún satélite y transmitir su posición. Esta tecnología ha permitido seguirlos en alta mar durante meses, incluso años. Por ejemplo, el 7 de junio de 1998 un albatros errante (*Diomedea exulans*) llamado Storm zarpó desde Georgia del Sur volando hacia el este. El evento no tendría nada de particular si no fuera porque Storm llevaba un pequeño transmisor pegado a sus plumas. Gracias a este detalle, su odisea pudo ser seguida a través de satélites. Storm cruzó el Atlántico en una semana y el Índico en dos. ¡Admirable! Entre julio y octubre se dedicó a alimentarse en las aguas alrededor de Nueva Zelanda. Después cruzó el Pacífico en cuatro semanas y regresó a Georgia del Sur a principios de diciembre. Exactamente al peñasco donde había nacido. Estos datos nos dan una perspectiva completamente novedosa de la vida de las aves marinas.

La vuelta al mundo de Storm no es ninguna excepción. Se han instrumentado muchos otros animales marinos y así hemos aprendido que viajan miles de kilómetros en un océano con poquísimos puntos de referencia. El charrán ártico

(*Sterna arctica*) hace cada año un viaje de ida y vuelta entre Svalbard y la Antártida recorriendo unos 40.000 km. Los albatros pueden pasar varios años sin tocar tierra, dando la vuelta al mundo como Storm para regresar certeramente a la isla donde nacieron. El atún de aleta azul del Pacífico (*Thunnus orientalis*) cruza el océano de California a Japón. Los tiburones blancos (*Carcharodon carcharias*), que pasan la mayor parte del tiempo cerca de las costas de América, se reúnen de cuando en cuando en un punto entre California y Hawái, no se sabe por qué, en un lugar que se ha bautizado como la «cafetería de los tiburones». Los elefantes marinos del sur (*Mirounga leonina*) viajan miles de kilómetros alrededor de la Antártida y pasan la mayor parte del tiempo sumergidos, incluso hasta seiscientos metros de profundidad, y regresan a sus colonias en tierra firme solamente para reproducirse o para mudar el pelaje. Muchas ballenas se alimentan en verano en las zonas polares y migran a las zonas templadas en invierno para dar a luz y aparearse. Las tortugas marinas atraviesan los océanos durante meses y regresan puntualmente cada año a la misma playa para poner los huevos. Toda esta información se ha obtenido en los últimos veinticinco años gracias al establecimiento del sistema de posicionamiento global (GPS) y a la miniaturización de los transmisores. Este trajín de viajes de larga distancia se puede observar en la página web de OBIS (Ocean Biogeographic Information System).[11]

---

11. <seamap.env.duke.edu>.

Las grandes migraciones

Los albatros siempre están volando o posados sobre la superficie del mar. Si las baterías son suficientemente potentes, el instrumento podrá transmitir datos al satélite constantemente. Pero ballenas y elefantes marinos pasan la mayor parte del tiempo bajo la superficie, y ya sabemos que las ondas de radio no se transmiten bien en el agua. Así que solamente podrían transmitirse datos durante los pocos minutos que salieran a respirar. Y en el caso de los peces, que no salen prácticamente nunca, sería imposible. Para estos casos se recurre a otro tipo de instrumentos. Uno de los más usados es el PAT (por *pop-up archival satellite transmitter*), que tiene la forma y el tamaño aproximados de una pera Conference. La parte más estrecha es la que se sujeta al pez detrás de la aleta dorsal y la parte más ancha de la pera contiene un reloj y sensores de luz, temperatura y presión. En el extremo más abombado hay una antena, un *pinger* (un faro acústico submarino) y un sensor de humedad o sequedad. El PAT se puede programar para que tome y guarde los datos cada pocos segundos o cada varios minutos según convenga, y también se puede programar durante cuánto tiempo se quiere que esté tomando datos. Una vez transcurrido el tiempo que se haya decidido, el PAT se libera del anclaje al animal y asciende a la superficie (*pop-ups*), donde manda los datos a un satélite, incluyendo su posición. Además, el *pinger* emite ultrasonidos, que se pueden detectar con un hidrófono, de modo que el aparato se puede recuperar y volver a usar.

Con estos datos se pueden deducir muchas cosas sobre el comportamiento del animal. Uno de los casos más interesantes es el del tiburón blanco. Entre 1999 y el 2000 se marcaron seis tiburones blancos cerca de la costa de California, al norte de Santa Cruz, y pudieron ser seguidos durante varios meses. Dos de ellos se quedaron cerca de la costa, en aguas someras de la plataforma continental. Este era el hábitat que se consideraba habitual. Pero otros tres aparecieron en medio del Pacífico. Claro, una vez que el PAT se desprende del tiburón ya no podemos saber hacia dónde va, pero era evidente que los tiburones no pasaban todo el tiempo en la costa. El sexto tiburón estuvo un mes en la costa, luego viajó hasta las Hawái en otro mes y allí pudo ser seguido durante tres meses más. Durante su travesía de medio Pacífico, este tiburón macho recorrió 3.800 km en 40 días, casi a 90 km por día. Un descubrimiento inesperado fue la profundidad a la que preferían estar los tiburones en cada caso. Cerca de la costa preferían estar a profundidades moderadas, entre la superficie y los cincuenta metros. Cuando llegó a las Hawái distribuyó su tiempo entre la superficie y los quinientos metros y todas las profundidades intermedias. En cambio, durante su viaje, solamente estuvo o bien en la superficie o bien a trescientos o quinientos metros.

Entre el 2002 y el 2003 se marcaron varios tiburones blancos en Sudáfrica. Estos animales viajaban remontando la costa índica hasta Mozambique y regresaban a su lugar de origen en viajes de 1.000 a 3.000 km. Pero la hembra P12 decidió cruzar el océano Índico hasta Australia y volver. Este viaje de casi 20.000 km duró nueve meses. De nuevo, la hembra P12 prefería las aguas someras junto a la costa,

Las grandes migraciones

pero durante su viaje transoceánico o bien nadaba cerca de la superficie o bien a 700 metros. Se ha especulado que tal vez los tiburones nadan cerca de la superficie durante el día para aprovechar el sol para orientarse. De noche, por alguna razón, preferirían nadar en aguas profundas. En cualquier caso, está claro que los tiburones, como tantos otros animales marinos, pueden atravesar océanos y volver a su lugar de origen con precisión.

Sabemos cuándo y adónde viajan, pero no sabemos cómo. ¿Cómo se las arreglan para encontrar el camino con tanta precisión en un océano inmenso y casi sin puntos de referencia? Como todos los excursionistas saben, para encontrar el camino hacen falta dos cosas: una brújula y un mapa. La brújula nos dice dónde está el norte y, por lo tanto, todos los puntos cardinales. Pero solamente con esta información no podemos llegar a nuestro destino. Imaginemos que nos dejan caer como al muñequito de Google Earth en medio de un bosque con una brújula. Nosotros queremos llegar al pueblo más cercano. Pero por más que sepamos dónde está el norte, no tenemos ni idea de si el pueblo está al norte o al sur o en otra dirección. Podríamos estar caminando horas en la dirección equivocada. Pero si tenemos un mapa, tenemos la posibilidad de localizar dónde estamos nosotros y dónde está el pueblo. Y, entonces, con ayuda de la brújula seguir el camino correcto. ¿Cómo se las arreglan los animales marinos para tener una brújula y un mapa del océano?

Kenneth y Catherine Lohmann llevan varias décadas estudiando este asunto con la tortuga boba (*Caretta caretta*) desde la Universidad de Carolina del Norte. Aunque hay tortugas bobas en todos los mares cálidos, incluido el Mediterráneo, los estudios de esta pareja se han centrado en las tortugas que nacen y se reproducen en Florida. Al nacer, las tortuguitas salen corriendo hacia el mar y en cuanto sienten las olas se ponen a nadar hacia mar abierto con desesperación. Pueden estar hasta dos días nadando constantemente para alejarse de la costa. La razón es sencilla. En la costa y cerca de ella hay una gran cantidad de depredadores acechándolas: rabihorcados, gaviotas, serpientes, cangrejos y una variedad de peces esperan pacientemente a que se produzca la eclosión de los huevos de tortuga para darse un festín. Lejos de la costa, la densidad de tortuguitas y de depredadores es muy baja y, por tanto, la probabilidad de no encontrarse a ningún depredador y sobrevivir es mayor. Las tortugas pasan varios años en alta mar, creciendo y madurando hasta que, llegado el momento, regresan a la playa en la que nacieron para aparearse y poner los huevos. Este maratón requiere varias capacidades. En primer lugar, las tortuguitas tienen que saber dónde está el mar abierto. Este conocimiento debe ser instintivo, porque una vez que salen del huevo no hay tiempo que perder aprendiendo cosas. Tienen que saber inmediatamente adónde nadar. Una vez que están en el mar abierto, tienen que saber dónde están, para que las corrientes no las arrastren, por ejemplo, a las aguas frías del Ártico, donde morirían de frío. Y, finalmente, tienen que saber cómo volver a su playa de nacimiento. Los experimentos que hicieron los Lohmann indican que las tortugas utilizan el campo magnético de la Tierra como brújula y mapa a la vez.

¿Nos acordamos de cómo era el campo magnético de la Tierra? El núcleo del planeta está formado por hierro y níquel fundidos y el hierro actúa como un imán, formando un campo magnético gigantesco alrededor del planeta. Como todo imán, este también tiene dos polos que están relativamente cerca de los polos geográficos. Resulta que las líneas de fuerza de este campo salen del interior del planeta en el polo sur, describen una elipse alrededor del mundo y penetran verticalmente en el polo norte. Por lo tanto, la inclinación de esas líneas respecto a la superficie es de 90 grados en los polos y de 0 grados en el ecuador. Un animal que pudiera detectar la inclinación del campo magnético sabría automáticamente a qué latitud se encuentra. Por otra parte, el campo magnético varía en intensidad, que es mayor en los polos y menor en el ecuador. De nuevo, si un animal puede detectar la intensidad del campo, esto lo ayudará a determinar su posición. ¿Hay forma de demostrar si las tortugas detectan la intensidad y la inclinación del campo magnético terrestre? ¿No es esto otra leyenda urbana de la nueva era?

Para hacer estos experimentos se coloca la tortuga, sujeta por un arnés, en un tanque circular sin referencias externas. El arnés sujeta a la tortuga a un dispositivo que no la deja avanzar, pero que registra la dirección en la que está nadando. Las tortugas parecen no darse cuenta de que no avanzan y siguen nadando en la dirección que les parece adecuada. Estos experimentos se repiten con unas decenas de tortugas y se comparan los resultados estadísticamente. La gracia es que el tanque está rodeado por un electroimán que puede imitar las características del campo magnético de la Tierra en cualquier lugar determinado. Es como si la tortuga estuviera nadando en el interior de uno de esos escáneres. En una serie de experimentos, los Lohmann expusieron las tortuguitas a un campo magnético como el que experimentarían en sus costas natales de Florida. Las tortuguitas nadaron hacia el este. Luego las sometieron al campo que se encontrarían frente a las costas de Galicia y las tortuguitas respondieron nadando hacia el sur. Finalmente, las sometieron al campo magnético de un punto intermedio del Atlántico, entre Mauritania y Venezuela. En este caso, la mayoría respondieron nadando hacia el noroeste. Todo esto sucedía en un acuario en la Universidad de Carolina del Norte. Pero si las tortugas hubieran estado en el Atlántico de verdad, sus respuestas las habrían llevado desde Florida hacia el noreste con la corriente del Golfo hasta las zonas próximas a la península ibérica, de allí hacia el sur, siguiendo la corriente de las Canarias, y luego hacia el oeste, cruzando otra vez el Atlántico para regresar a Florida siguiendo la corriente ecuatorial. Este comportamiento les permitiría nadar siempre a favor de las corrientes. No es casualidad que Colón descendiera a las Canarias en su viaje de ida, pero volviera por una ruta mucho más septentrional. Es evidente que a Colón alguien le había dicho por dónde iban las corrientes en el Atlántico, algo que las tortugas saben desde hace doscientos millones de años.

Las grandes migraciones

Hace algún tiempo, estaba caminando a lo largo de playa Hermosa, en la costa del Pacífico de Costa Rica. Íbamos en fila india, nuestro guía Mauricio, una familia belga y yo. Era de noche y caminábamos en silencio, guiados solamente por el resplandor de la ciudad turística de Jacó, más allá de unas colinas. La tormenta, que hacía solo media hora nos había obligado a refugiarnos bajo un sombrajo, se estaba alejando hacia mar abierto, pero de cuando en cuando descargaba un relámpago, que iluminaba la playa por unos instantes. Seguía cayendo una llovizna ligera. Mauricio buscaba huellas de tortuga. En principio, caminando a lo largo de la playa, las encontraríamos perpendicularmente a nosotros. Si había dos series de huellas, significaba que la tortuga ya había hecho la puesta y había regresado al mar. Si había una sola quería decir que todavía estaba poniendo huevos en algún lugar. En varias ocasiones Mauricio se detenía y me señalaba algo en la arena diciendo que eran huellas, pero yo no veía nada. Empecé a pensar que nuestro guía nos estaba tomando el pelo. Pero de repente Mauricio se paró en seco. Había detectado unas huellas. Nos acercamos a la parte alta de la playa y, efectivamente, allí había una tortuga verde (*Lepidochelys olivacea*). Estaba excavando un hoyo en la arena. Mauricio nos dijo que esperáramos. Si se las perturba antes de empezar la puesta, se asustan y vuelven al mar. En cambio, una vez que empiezan a poner huevos entran en una especie de trance y no se asustan fácilmente. Al cabo de un rato encendimos una lámpara de infrarrojos y nos acercamos por detrás. Los huevos iban cayendo al hoyo mientras la tortuga parecía ajena a todo. Mauricio nos repartió guantes desechables y todos empezamos a recoger los huevos y a colocarlos en una bolsa. Tenían el aspecto de pelotas de *ping-pong* abolladas. Después de 62 huevos, la hembra empezó a cubrir de arena el hoyo. Nos apartamos unos metros y apagamos la lámpara. La tortuga parecía ignorar completamente nuestra presencia y el hecho de que le habíamos robado toda la puesta. Una vez satisfecha, se dio la vuelta y empezó a arrastrarse hacia el agua. La seguimos a unos metros de distancia hasta que se sumergió entre las olas y desapareció. De cuando en cuando, otro relámpago iluminaba la noche, pero el trueno tardaba mucho en llegarnos.

Regresamos al centro de recuperación de tortugas y depositamos los huevos en el hoyo correspondiente a la puesta número 47 de la temporada. De este modo estarían a salvo de los furtivos. Cuando finalmente eclosionaran, las tortuguitas serían conducidas al mar a salvo de los depredadores. Así, el número de supervivientes que llegarían a mar abierto y darían la vuelta al Pacífico se incrementaría y quizás la especie recuperaría sus poblaciones. Tal vez en dos o tres años, alguna de aquellas tortuguitas que habíamos recogido volvería a playa Hermosa como adulta para hacer una nueva puesta. En los esfuerzos para paliar la destrucción de la biodiversidad que estamos causando los seres humanos, este hecho era un granito de arena insignificante. Pero para nosotros había sido una de esas pocas experiencias de comunión con la naturaleza.

17.
Cambio global

A 4.200 metros de altitud, la cima del volcán Mauna Kea es un buen lugar para pensar en el océano. Aunque en realidad el mar casi nunca se ve. A mi espalda, los alisios acumulan un mar de nubes contra las laderas septentrionales del volcán. Y al frente, la mole del Mauna Loa no deja ver más que un paisaje volcánico. A mi alrededor se distribuyen una docena de observatorios astronómicos, la mayoría especializados en radiación infrarroja y submilimétrica. Esos telescopios apuntan al espacio exterior, rastreando objetos celestes remotos e indagando sobre el pasado del universo. Pero frente a mí, en la ladera norte del Mauna Loa, puedo ver el Observatorio de la NOAA, a 3.400 metros de altitud, en el que se ha venido midiendo la concentración de CO_2 en la atmósfera desde hace sesenta años.

Aparentemente, todo esto nada tiene que ver con el mar. Pero la concentración de CO_2 en la atmósfera tiene implicaciones poderosas tanto sobre lo que ocurre en la atmósfera como sobre lo que sucede bajo la piel del océano. Las Hawái son las islas más aisladas del mundo. Esto no es una redundancia. Las Hawái son las islas más distantes de cualquier continente. Están situadas a 3.200 km de Norteamérica y a 5.000 km de Asia, rodeadas por el mayor océano del mundo. Esta situación garantiza que las medidas tomadas en Hawái representen un buen promedio del hemisferio norte, no afectado por las irregularidades propias de los continentes, con sus industrias, sus incendios, sus automóviles y calefacciones. Así que las medidas tomadas ahí proporcionan una buena estimación del CO_2 en la alta atmósfera del hemisferio norte. Sin embargo, no todo es perfecto. El volcán sigue estando activo y contiene muchas fumarolas y cráteres que emiten CO_2 además de otros gases. Por lo tanto, los técnicos del observatorio lo primero que hacen es restar estas emisiones del volcán a las medidas obtenidas.

Una vez realizada esta operación, se representan los datos en función del tiempo y se obtiene una bonita serie de oscilaciones.[12] Cada año, la concentración de CO_2 aumenta hasta alcanzar un máximo en abril y luego desciende hasta un mínimo a finales de septiembre. A continuación, se vuelve a repetir el ciclo. Es como si la Tierra inhalase una bocanada de CO_2 durante la primavera y el verano y lo exhalase en el otoño y el invierno. Y esto es exactamente lo que hacen los bosques del hemisferio norte. Durante el invierno boreal casi no hay fotosíntesis. Los árboles de hoja caduca no tienen hojas y, por tanto, su fotosíntesis es cero y los de hoja

12. <https://www.esrl.noaa.gov/gmd/obop/mlo/>.

perenne, como los piceas y los abetos de la taiga, reciben demasiada poca luz. Como la respiración de todos los seres vivos y nuestras actividades continúan vertiendo CO_2 al aire, la concentración aumenta. Cuando llega la primavera, las coníferas de la taiga tienen mucha más luz y los árboles de hoja caduca recuperan su follaje. La fotosíntesis funciona al máximo y la concentración de CO_2 en la atmósfera disminuye. Esta oscilación anual sería un maravilloso caso de respiración planetaria si no fuera porque el máximo de abril es cada año un poquito mayor que el año anterior. Poco a poco, durante los sesenta años de medidas tomadas en Hawái, la concentración ha aumentado de 315 a 400 ppm (partes por millón o cm^3 por m^3), un aumento del 25 %. Y, lo que es peor, los incrementos anuales son cada vez mayores. Este aumento ha ido en paralelo con la utilización de combustibles fósiles y otras actividades humanas, como la fabricación de cementos o el uso cada vez mayor de aires acondicionados. Se ha estimado que la concentración de CO_2 en la atmósfera antes de la Revolución Industrial era de 280 ppm. Así que en apenas doscientos años hemos aumentado esa concentración en un 50 %. Es cierto que en el pasado ha habido períodos con concentraciones mucho más altas, por ejemplo, de hasta 7.000 ppm durante el período Cámbrico. Una diferencia importante con la actualidad es que entonces nosotros no estábamos y que los organismos que estaban se habían adaptado a esa situación. En el pasado ha habido muchos cambios significativos en la concentración de CO_2, por ejemplo, entre períodos glaciales e interglacia-

Bajo la piel del océano

les se podía pasar de 180 a 280 ppm, pero estos cambios se producían en períodos muy largos de tiempo. Ahora el CO_2 está aumentando a una velocidad doscientas veces mayor.

Estoy seguro de que el lector es consciente del efecto invernadero provocado por el aumento de CO_2 y otros gases como el metano, que es consciente de que a su alrededor las montañas ya no tienen la cantidad de nieve que solían acumular, que las plantas florecen antes y que muchas cigüeñas ya no migran a África en invierno. Además, ese aumento del CO_2 en la atmósfera también tiene unas consecuencias drásticas en el océano. Como cualquier gas, el CO_2 puede disolverse en el agua. Las leyes de la física dictan que la concentración en el aire y en el agua esté en equilibrio. De modo que si se aumenta una de ellas, por ejemplo, la del aire, también aumentará la otra, hasta restablecer el equilibrio. Es decir, la concentración de CO_2 en el mar también ha ido aumentando. En el agua, el CO_2 no solamente se disuelve, sino que reacciona con las moléculas de agua formando distintos compuestos:

$$CO_2 (gas) \Longleftrightarrow CO_2 (acuoso) + H_2O \Longleftrightarrow H_2CO_3 \Longleftrightarrow H^+ + HCO_3^- \Longleftrightarrow 2H^+ + CO_3^{2-}$$

Dióxido de carbono y agua forman ácido carbónico (H_2CO_3), que se disocia en un protón (H^+) y un ion de bicarbonato (HCO_3^-), que se disocia en otro protón (H^+) y un ion carbonato (CO_3^{2-}). Todas estas reacciones están en equilibrio. Si aumentamos la concentración de uno de los compuestos, por ejemplo, el CO_2, necesariamente cambiarán todas las demás. Ahora bien, la concentración de protones en cualquier disolución es lo que determina la acidez. Por ejemplo, el vinagre tiene muchos protones en disolución y por eso es ácido. La lejía tiene muy pocos y por eso es básica. El ácido carbónico es un ácido precisamente porque al disolverse en agua produce protones. De hecho, las bebidas refrescantes con burbujas suelen llevar una gran cantidad de ácido carbónico que les da acidez y que está relacionado con las burbujas de CO_2 que se liberan al abrir la lata. Así pues, si aumentamos la concentración de CO_2 en la atmósfera, aumentaremos su concentración en el mar y también aumentaremos la concentración de protones en el mar, es decir, haremos el mar más ácido, lo acidificaremos.

La acidez se mide mediante el pH, que es una forma de expresar la concentración de protones. Un pH de 7 se considera neutro. Un pH mayor de 7 es básico y uno menor de 7 es ácido. El pH de las bebidas de cola o del vinagre, por ejemplo, es de 2, mientras que el de la lejía es de 13. En la actualidad, el pH del agua de mar es aproximadamente de 8,1 y está muy bien tamponado. En química esto quiere decir que es muy estable, que en el agua de mar hay compuestos que son capaces de contrarrestar la adición tanto de ácidos como de bases manteniendo el pH estable. Esto es justamente lo que hacen esas reacciones que hemos mostrado más arriba. Si, por ejemplo, añadimos pequeñas cantidades de cualquier ácido al agua de mar, el exceso de protones generado reacciona con los iones carbonato presentes en el agua. Esto desplaza las reacciones hacia la izquierda, aumentando las concentraciones de bicarbonato y CO_2 y estabilizando la concentración de protones. Por el contrario, si añadimos pequeñas cantidades de una base cualquiera, esta reacciona con los protones, y para mantener esa concentración estable las reacciones se desplazan a la derecha. Claro, dentro de ciertos límites. Si las adiciones son demasiado grandes, el sistema no puede tamponar el pH y entonces este cambia.

Nuestras actividades son de tal magnitud que la cantidad de CO_2 que añadimos a la atmósfera es capaz de alterar el pH del océano. Si miramos la reacción, añadir CO_2 desplaza el sistema a la derecha, es decir, genera más protones y, por tanto, acidifica el océano. Este es justamente el punto al que quería llegar cuando contemplaba el Mauna Loa desde la cima del Mauna Kea en la remota Isla Grande de Hawái.

¿Qué ocurre cuando el pH del océano se hace más ácido? Pues una de las consecuencias más terribles podemos observarla directamente buceando en apnea. Vale, en realidad tenemos que bucear en la Gran Barrera australiana o en la mesoamericana o en el mar Rojo. Tenemos que fijarnos en algún lugar en el que haya arrecifes de coral. Los corales son animales primitivos con una estructura muy simple: una base que se adhiere a un sustrato, un cuerpo con una cavidad interna con una boca y una serie de tentáculos que pueden capturar presas y atraerlas hacia la boca. Las medusas y las anémonas tienen la misma estructura. La diferencia es que los corales forman esqueletos externos de carbonato cálcico: los arrecifes. Y como son algo perezosos, en lugar de atrapar presas, prefieren esclavizar algas microscópicas para que hagan la fotosíntesis y les proporcionen alimentos. Los corales tienen una gran cantidad de dinoflagelados en su interior. Estos son los que dan colores verdosos o marrones a los arrecifes. Los dinoflagelados hacen la fotosíntesis y proporcionan azúcares al coral. Como la fotosíntesis necesita luz, los arrecifes de coral solamente se forman cerca de la superficie. Este es un ejemplo más de que la mayor parte de la fauna marina depende directamente de las actividades de los microorganismos. De que el océano es fundamentalmente microbiano.

¿Qué ocurre cuando el océano se acidifica? Pues que los corales tienen un problema. Un problema muy serio. Hay muchos organismos marinos que tienen esqueletos de carbonato cálcico: corales, algunas algas, cocolitofóridos, bivalvos, o pterópodos. Claro, el carbonato cálcico también tiene su propio equilibro con el sistema de carbonatos:

$$CO_3^{2-} + Ca^{2+} \Longleftrightarrow CaCO_3$$

Es evidente que la facilidad para construir esqueletos de carbonato cálcico y su estabilidad dependerá de la concentración del ion carbonato. Y como esta depende del pH volvemos a estar en el tema de la acidificación. Los experimentos que se han hecho con distintos corales en el laboratorio han demostrado que al bajar el pH, los corales se descalcifican y su velocidad de crecimiento disminuye. Además, se produce un fenómeno tristemente visible. Los corales se blanquean. Pierden las algas que les daban color y se vuelven blancos. Claro, también pierden la fuente de alimentos que representaba la fotosíntesis, de modo que su subsistencia pasa a ser precaria.

La relación entre corales y algas es un equilibro delicado. El coral utiliza sus tentáculos para capturar presas y entre esas presas están las algas. El coral las acerca a su boca y se las come. Una vez que están en su «estómago», son fagocitadas por las células de la pared del estómago. Esto es lo mismo que hacen nuestros glóbulos blancos con las bacterias que intentan infectarnos. Las fagocitan y las digieren. Los corales, en cambio, no digieren las algas, sino que empiezan a cultivarlas como nosotros hacemos con las alcachofas, por ejemplo. Para el alga, esta pérdida de libertad no parece tan grave, ya que el coral la protege de la radiación ultravioleta fabricando aminoácidos parecidos a las micosporinas. Y, claro, también está protegida de los depredadores. Es más, el coral le proporciona todo lo que el alga necesita para fotosintetizar: CO_2 y nitrógeno para que pueda fabricar sus proteínas. A cambio, el alga le proporciona los productos de la fotosíntesis: oxígeno y materia orgánica. El coral utiliza esta materia orgánica para crecer y reproducirse. En cambio, la producción de oxígeno es excesiva, y el coral fabrica varios antioxidantes para deshacerse de este gas tan venenoso. Si no lo hiciera, se generarían radicales libres de oxígeno, que atacan y destruyen la mayor parte de las moléculas. Este fenómeno es lo que se llama estrés oxidativo. En condiciones normales, el coral neutraliza este estrés sin problemas. El truco de esta relación es que el coral controla la fotosíntesis del alga proporcionando más o menos CO_2, y al mismo tiempo regula su crecimiento administrando la cantidad de nitrógeno que le proporciona. El alga está condenada a producir azúcares para el coral sin poder aprovechar para sí misma más que una parte. El coral, mientras tanto, aprovecha esos azúcares para obtener energía en forma de ATP y para crecer. Parte de esa energía la gasta transportando iones de calcio que se combinan con iones carbonato para depositar el exoesqueleto de carbonato cálcico.

En ciertas circunstancias, las algas superan los controles restrictivos impuestos por el coral. Por ejemplo, al aumentar la temperatura, las algas crecen más rápido y el coral no puede abastecerlas de suficiente CO_2. Entonces la parte lumínica de la fotosíntesis continúa generando oxígeno, pero la fase oscura se bloquea por falta de CO_2. Esto genera un estrés oxidativo y el coral reacciona expulsando las algas. Paradójicamente, esta situación también se produce al aumentar la concentración de CO_2 en el agua. Las algas aprovechan para fotosintetizar más y de nuevo hay un desequilibrio que el coral soluciona expulsando las algas. En ambos casos, se produce el blanqueo de los corales. Con el aumento de la concentración de CO_2 debida a nuestras actividades se producen las dos cosas, el aumento de la temperatura y la disminución del pH, así que los fenómenos de blanqueo van a ser cada vez más frecuentes y duraderos. Los resultados combinados del blanqueo y la descalcificación auguran un futuro muy poco esperanzador para los arrecifes de coral.

Bajo la piel del océano

Se estima que desde que se inició la Revolución Industrial, el pH del mar, que normalmente es de 8,1, se ha reducido en 0,1 unidades. Esto puede parecer una acidificación ínfima, pero la calcificación de la Gran Barrera australiana ya se ha reducido en un 14,2 % entre 1990 y el 2010. Y los exoesqueletos de los foraminíferos son un 30 % más ligeros (menos calcificados) que los de las mismas especies durante los últimos miles de años. Los arrecifes ocupan solamente el 5 % de la superficie del mar, pero son muy productivos y alojan el 25 % de todas las especies de animales marinos. Los arrecifes protegen de maremotos, oleaje e inundaciones las costas de islas y continentes en las zonas tropicales. Y el turismo de buceo es una de las fuentes de ingresos más importantes en esas zonas. La reducción y eventual desaparición de los arrecifes tendrá consecuencias difíciles de compensar para los seres humanos.

En realidad, los efectos de la acidificación todavía no se entienden bien. Algunos seres vivos marinos, como las algas coralígenas, se comportan de modo parecido a los corales, pero otros, como algunas especies de cocolitofóridos, depositan más calcio en lugar de menos. Aunque no entendamos todas las sutilezas de estos efectos, el hecho es que alteran de forma significativa cosas insospechadas. Por ejemplo, a determinadas frecuencias, el sonido se transmite mejor con un pH más bajo, con lo que se corre el riesgo de alterar todos aquellos organismos que utilizan el sonido para comunicarse o para la ecolocalización, como ballenas y delfines. Otro efecto sorprendente es que el pH bajo alte-

Cambio global

ra la sensibilidad de algunos peces, por ejemplo, Nemo no sería capaz de encontrar la anémona que forma su casa si el pH bajara. Y también tiene consecuencias sobre el sabor del marisco. Las gambas criadas con un pH bajo son menos sabrosas que las criadas con un pH marino normal.

En el pasado ha habido cambios globales mucho más importantes. Durante los primeros dos mil millones de años de nuestro planeta la atmósfera no tenía oxígeno. Hace unos dos mil quinientos millones de años, la fotosíntesis realizada por las cianobacterias, combinada con la sedimentación de la materia orgánica en el fondo del mar, produjo el mayor cambio en la química de la atmósfera en toda la historia de la Tierra: el que la atmósfera llegara a tener un 20 % de oxígeno. Este fue un cambio provocado por los seres vivos. Otros grandes cambios se han debido a las peculiaridades astronómicas de nuestro planeta. Debido a que el eje de rotación no es constante y a que la órbita de la Tierra alrededor del Sol varía entre un círculo y una elipse, se han producido épocas muy frías (glaciaciones) y otras mucho más cálidas que la actual. Incluso se cree que en un par de ocasiones el planeta se congeló casi totalmente. Todos estos cambios se produjeron de una forma paulatina, de modo que la vida se fue adaptando, algunas especies se extinguieron y otras aparecieron.

Otros cambios se produjeron de forma catastrófica y repentina. Se cree que la caída de un gran asteroide hace sesenta y cinco millones de años fue la responsable de la extinción de los dinosaurios en un período relativamente breve. La verdad es que el cambio global actual es un fenómeno muy complejo del que todavía no entendemos bien los detalles. Pero lo que sí sabemos es que se está produciendo a una gran velocidad. Los cambios de pH que hemos comentado pueden parecer sutiles. En cambio, los efectos del aumento de la concentración de CO_2 sobre la temperatura son mucho más fáciles de entender. En mayo del 2008 sobrevolaba el océano Ártico en un helicóptero. Allá abajo, los témpanos recordaban las piezas desordenadas de un puzle. El capitán, el piloto y yo habíamos despegado del rompehielos Amundsen y nos dirigíamos a Sachs Harbour, una aldea inuvialuit en la isla Victoria. El capitán iba a recoger algunos recambios que una avioneta iba a traer desde el continente y yo iba a aprovechar esa avioneta para regresar a Barcelona. Sachs Harbour consistía en unas treinta casas de colores vivos que destacaban de la nieve. Aterrizamos en el pequeño aeropuerto y esperamos la llegada de la avioneta. Lo que me sorprendió fue un joven que estaba en la sala de espera. Cuando llegó la avioneta le preguntó al piloto si podía llevarlo al continente. Esta especie de aerostop me dejó perplejo. Mientras volábamos de regreso al continente, el joven me explicó que iba a ver a unos familiares que vivían en Inuvik. Hace algunas décadas, los inuvialuit aprovechaban el inverno para hacer sus viajes de visita a las familias. La bahía de Amundsen se congelaba totalmente y podían desplazarse con sus trineos, o más recientemente con moto-nieves, cruzando el brazo de mar entre unas aldeas y otras. Pero ahora el mar ya no se congelaba más que parcialmente, con muchas zonas abiertas y hielo frágil, tal como acababa de demostrarme el puzle de témpanos que había visto desde el helicóptero. Y como los vuelos eran muy caros, la única forma de visitar a los familiares era haciendo aerostop. Cada vez que una empresa o una campaña científica como la nuestra pagaban un vuelo, los inuvialuit aprovechaban para viajar. El calentamiento global debido a nuestra quema de combustibles fósiles se está notando mucho más rápidamente en el Ártico que en las zonas templadas. Evidentemente, los inuvialuit ya han empezado a cambiar sus costumbres para adaptarse a la nueva situación. Al resto de los seres humanos no nos quedará más remedio que hacer lo mismo.

TERCERA PARTE
El océano desde las profundidades

18.
Inmersión

En las dos partes anteriores hemos aprendido muchas cosas sobre el océano. Desde la superficie hemos podido observar el mar, tomar muestras, contar la abundancia de los seres que lo habitan o cuantificar los procesos metabólicos que hacen funcionar la ecología. Desde el espacio les hemos dado una dimensión planetaria a los procesos que ocurren en el océano, incluyendo la producción primaria, el control del clima o los viajes interminables de tiburones, albatros y tortugas. Pero, en realidad, la mayor parte del océano sigue siendo ajena a nuestra percepción. El océano tiene unos 3.800 metros de profundidad media y llega casi a los 11.000 metros en la fosa de las Marianas. Si pudiéramos colocar el Everest en el fondo de esa fosa, quedaría 2.100 metros por debajo de la superficie del mar. Tendríamos que poner encima otra montaña tan alta como la sierra de Guadarrama para llegar a la superficie. Gracias a nuestras medidas de la radiación solar sabemos que la luz solamente llega hasta unos cien o doscientos metros como mucho y con las sondas de temperatura que hemos largado desde el Johan Hjort sabemos que el mar profundo está a dos o tres grados, como en la nevera de casa. La mayor parte del océano, por lo tanto, está oscura y fría y no podemos verla ni desde la superficie ni desde el espacio. ¿No sería maravilloso poder sumergirse y observar? Todo el que haya hecho un poco de buceo a pulmón libre se habrá dado cuenta de que el espectáculo submarino es impactante. Hay un silencio especial, una luz tamizada, unos seres misteriosos que se mueven con parsimonia. La mayoría de nosotros nos conformamos con bucear un rato en algún arrecife del Caribe o de Australia o, tal vez, simplemente en alguna zona rocosa de la Costa Brava o de Cabo de Gata. Pero ¿qué veríamos si pudiéramos bucear hasta las profundidades?

James F. Cameron, el director de películas tan exitosas como *Titanic* o *Avatar*, hizo exactamente eso el 26 de marzo del 2012. Con un batiscafo llamado Deepsea Challenger, descendió en dos horas y media al punto más profundo del océano, estuvo tres horas allá abajo y regresó a la superficie en una hora y media. Siete horas encerrado en una esfera de poco más de un metro de diámetro, encogido y sin poder ir al baño… Nosotros vamos a acompañarlo virtualmente para hacernos una idea de cómo es el océano más allá de los pocos metros a los que podemos descender en apnea. Y para ello voy a utilizar la experiencia personal de mi colega Isabel Ferrera, que hizo dos inmersiones en el batiscafo de investigación más famoso del mundo: el Alvin.

Estamos ligeramente echados sobre la espalda, con las piernas encogidas, los pies sobre la escotilla de entrada y el

Inmersión

cuello inclinado hacia delante para no tocar la parte superior de nuestra cabina con la coronilla. A nuestro alrededor hay una plétora de instrumentos para medir la temperatura, el oxígeno, la humedad, para enviar mensajes de radio, para generar oxígeno, calentar la esfera y otros muchos sistemas para asegurarnos de que volveremos a la superficie, vivos o muertos, pero volveremos. Nuestra cabina esférica está en la parte inferior de un batiscafo de siete metros de altura, como una casa de tres pisos, que pesa casi doce toneladas. La mayor parte está rellena de una espuma con bolitas huecas de vidrio. Este material ha sido especialmente diseñado para el Deepsea Challenger. Se trata de que sea más ligero que el agua para que el batiscafo flote. Pero no puede rellenarse con un gas como los globos porque a las presiones a las que vamos a estar sometidos los gases se comprimen y todo el sistema correría el riesgo de implosionar. O bien habría que hacer unas paredes tan gruesas que pesarían demasiado. En toda la historia de la humanidad solamente ha habido otro batiscafo que descendiera hasta el fondo del mar como vamos a hacer nosotros. Se llamaba Trieste y en 1962 Jacques Piccard y Don Walsh descendieron en él hasta el fondo en este mismo lugar. Pero no vieron casi nada porque al tocar el fondo se levantó un polvo finísimo que lo enturbió todo. Además, se resquebrajó una de las ventanas, solamente un poquito, pero lo suficiente como para que decidieran volver a la superficie después de solamente treinta minutos en el fondo. El Trieste había sido diseñado por Auguste Piccard, padre de Jacques y el científico en el que se inspiró Hergé para su personaje del profesor Tornasol. Piccard padre se enfrentó al mismo problema que nosotros: encontrar un material más ligero que el agua, pero que no fuera compresible. ¡Y eligió la gasolina! No me gustaría estar en un batiscafo con cien mil litros de gasolina encima de mí.

En cualquier caso, la gasolina o la fibra van a permitirnos volver a la superficie. Pero antes tenemos que hundirnos, y para eso necesitamos lastre. En ambos casos se eligieron perdigones, lo que tiene varias ventajas. Uno puede soltar los perdigones progresivamente, con lo que puede modular la velocidad de descenso y frenar antes de tocar el fondo. Si tuviéramos un gran bloque de plomo, por ejemplo, solamente podríamos bajar a una velocidad con todo el peso o largarlo y subir. Bueno, esto está muy bien. Pero ¿qué hacemos si el mecanismo para largar los perdigones se atasca? ¿Qué ocurre si se nos agotan las baterías y no podemos darle al interruptor? Horror. Nos asfixiaremos a once kilómetros de la superficie. Claro, los ingenieros no son tontos y encontraron distintos mecanismos de seguridad. En el caso de Piccard, los perdigones estaban en unos botellones puestos al revés, con la boca para abajo. Para que los perdigones no se salieran, alrededor de la boca había un electroimán. Era lo más parecido a una de esas cajitas imantadas para guardar clips puesta boca abajo. Mientras hubiera electricidad a bordo, el electroimán impediría que se cayeran los perdigones. Pero si teníamos algún problema con las baterías, el electroimán dejaría de funcionar, los perdigones se verterían al exterior y la gasolina nos llevaría de vuelta a la superficie. Ingenioso, ¿no?

Inmersión

Bueno, ya estamos flotando en la superficie con todo el lastre y sujetos al buque nodriza por varios cabos. El tren de olas del oeste que suele agitar el Pacífico por estas latitudes nos zarandea de un lado al otro. Es bastante incómodo. Miramos las cuatro pantallas que tenemos delante, que nos muestran lo que ven varias cámaras en el exterior de nuestro batiscafo, como esas que miran con aburrimiento los guardas de seguridad en la recepción de un banco. Y en otra pantalla tenemos los mandos. ¿Estamos listos? Pues vamos allá. Por el micrófono le damos la señal al capitán. ¡Largad el batiscafo!

Los cables que nos sujetaban se sueltan y empezamos a caer como un obús. De hecho, al cabo de dos minutos ya estamos a doscientos metros y todo se oscurece. Hemos dejado la zona fótica, donde se realiza toda la fotosíntesis en el mar. Esa que produce la mitad del oxígeno que respiramos. Y casi ni nos ha dado tiempo a fijarnos en nada. Casi toda la actividad de la vida en el océano se produce en esta capa fótica, minúscula en comparación con el volumen total del océano. A partir de aquí dejamos la zona superficial y entramos en la mesopelágica. Unos segundos más y llegamos a los 214 metros, la máxima profundidad alcanzada en apnea. Herbert Nitsch la alcanzó en el 2014 bajando muy rápidamente gracias a ir sujeto a un peso y regresando a la superficie gracias a un globo hinchable. Los mejores especialistas en apnea pueden estar hasta once minutos sin respirar bajo el agua. A mí, que me encanta bucear en apnea, esas cifras me marean y me dan envidia al mismo tiempo.

Bajo la piel del océano

Pero enseguida alcanzamos los 332 metros. Esta es la mayor profundidad a la que ha llegado un buceador con escafandra autónoma. Ahmed Gabr lo consiguió el 18 de septiembre del 2014 en el mar Rojo. Descendió a esa profundidad en apenas doce minutos, pero luego tuvo que demorarse quince horas en el ascenso, porque tuvo que hacer numerosas paradas para la descompresión.

A partir de este momento entramos en la zona más oscura y desconocida del océano. Esa que solamente podemos observar desde un batiscafo como este o desde robots con cámaras de vídeo. Seguimos descendiendo. Bajo la luz del banco de leds que lleva el Deepsea Challenger, atravesamos lo que parece una nevada. En realidad, los copos son agregados de microorganismos y materia orgánica en distintas fases de descomposición. Se parecen tanto a los copos que los oceanógrafos los han bautizado como nieve marina. Alcanzamos los 610 metros. Otro récord de profundidad, en este caso con traje de buzo (técnicamente, «traje de buceo atmosférico»). Estos trajes resisten la presión externa y aportan aire a presión atmosférica, de modo que se evitan los problemas de los gases saturados en la sangre y no hace falta la descompresión. Pero, ciertamente, son muy rígidos y la movilidad es reducida. Sin embargo, son extraordinariamente útiles para operaciones de salvamento o para trabajos de larga duración en profundidad.

En solo diez minutos (el tiempo que duran los anuncios en muchas emisoras de televisión) llegamos a los mil metros. A partir de este punto entramos en la zona batial. Todo sigue completamente oscuro, excepto la zona iluminada por nuestros leds. Aquí todos los seres vivos dependen de la bioluminiscencia para ver, o del olfato, el tacto o el oído para encontrar alimento y pareja. En realidad, también utilizan otros sentidos menos conocidos, como la ecolocalización o la electrocepción. Ya hablaremos de ellos. Sabemos que esta es la zona más profunda a la que pueden sumergirse ballenas y elefantes marinos. Las ballenas se han detectado hasta los 2.500 metros. Los elefantes marinos, hasta 1.520 metros por debajo de la superficie. Esta es la zona donde los cachalotes intentan capturar a los calamares gigantes. Pero nosotros no vemos más que oscuridad. La abundancia de esos gigantes es demasiado escasa. Es como lo de Arne y Halvar y las ballenas desde el puente del Johan Hjort. Tendríamos que quedarnos muchas horas observando para coincidir con un cachalote.

Seguimos descendiendo. Al cabo de media hora llegamos a los tres mil metros. Aquí acaba la zona batial y comienza la abisal. La mayor parte del fondo oceánico se encuentra en esta zona abisal, entre los tres y los cinco mil metros. Una llanura inmensa y permanentemente oscura de la que ya hablaremos más adelante. Pero nosotros estamos en una fosa oceánica y por debajo todavía nos quedan cinco kilómetros de agua. A medida que bajamos vamos superando profundidades míticas: 3.810 metros, donde está hundido el Titanic; 4.760 metros, donde está hundido el Bismark; 5.030 metros, la mayor profundidad a la que se ha detectado un pez de colmillos largos (*Anoplogaster* sp.). Se trata de un monstruo digno de un bestiario o de la Biblia. Es un pez con grandes fauces, con unos dientes enormes y curvados y una boca llena de moco y con unos ojitos en miniatura.

Mientras tanto, la temperatura del agua ha descendido desde los veinticuatro grados que había en la superficie a cuatro grados, la temperatura que tenemos en la nevera de casa. Los sistemas de calefacción de nuestro batiscafo se han puesto en marcha y nuestra respiración y sudor se condensan en las paredes metálicas de la esfera y descienden a una bolsita en la parte inferior. En caso de necesidad, esa bolsita será una reserva de agua estupenda. La presión ha ido aumentando, una atmósfera cada diez metros. Cuando estábamos en la superficie, la presión atmosférica era aproximadamente de una atmósfera o 100 kPa. Pequeñas variaciones de esta presión es lo que vemos cada día en los mapas del tiempo causando anticiclones y borrascas, huracanes y marejadas. Pero aquí abajo estamos hablando de otro orden de magnitud. A cuatro mil metros la presión es cuatrocientas veces la de la superficie. Menos mal que la espuma de nuestro flotador no se comprime y que nuestra cabina tiene 6,35 cm de espesor de acero. Si no ya estaríamos completamente aplastados.

Nosotros seguimos bajando. A partir de los seis mil metros dejamos la zona abisal y entramos en la hadal (de Hades, infierno). Solamente en algunas trincheras submarinas hay profundidades hadales, y nosotros vamos a adentrarnos en la más profunda de todas, en la fosa de las Marianas. Al cabo de ochenta minutos llegamos a los 7.700 metros, la mayor profundidad a la cual se ha detectado un pez, un pez baboso de la familia *Liparidae*. Es un pez con forma de anguila, sin escamas y gelatinoso, con unos ojos diminutos. ¿Qué comerá a estas profundidades? El descenso empieza a ser aburrido. Han pasado dos horas de oscuridad vacía y todavía nos falta. Por fin, después de dos horas y media de monotonía, nos acercamos al fondo. Largamos parte del lastre para aminorar la velocidad. Nos acercamos lentamente al fondo. Lo tocamos. Estamos a 10.877 metros, el punto más profundo del planeta, rodeados de un sedimento fino y de oscuridad. La temperatura es de apenas un grado y la presión mil veces mayor que la que hay en la superficie. Solamente tres hombres han estado aquí. Jacques Piccard y Don Walsh en 1962 y James Cameron en el 2012. Cameron describió sus sensaciones así: «Me siento empequeñecido por la inmensidad de todo lo que desconocemos, tanto aquí abajo como ahí fuera en la oscuridad del espacio. Siento lo minúscula que es la lucecita que he traído en estos breves instantes y lo enorme de la tarea que nos queda pendiente para explorar nuestro mundo». Isabel Ferrera contaba que ella esperaba alucinar cuando viera a los seres vivos de las profundidades. Pero lo que verdaderamente la impresionó fue la geología. Ver dos placas enfrentándose una a otra, sentir que estaba literalmente en las entrañas del planeta, la euforia de estar en aquel lugar, al que tan pocas personas han podido acceder, seguramente con la misma emoción con la que los exploradores del pasado se enfrentaban a tierras desconocidas.

La expedición de James Cameron fue un éxito mediático. Apareció en diarios, televisiones y páginas en internet como el nuevo héroe de la exploración oceanográfica. Se dijo que ese descenso representaba un avance revolucionario. Cameron era el héroe que combinaba el espíritu del aventurero y el rigor del científico. La película en IMAX 3D se ha exhibido por medio mundo. Los comentarios sobre la película son representativos: «*Deepsea Challenge 3D* sigue la dramática historia de la odisea de James Cameron emprendiendo una expedición a la parte más profunda del océano. Este es un viaje de riesgo y proporciones históricas. La película hipnotizará a los espectadores de todas las edades con la emoción del verdadero descubrimiento y la atracción de lo desconocido, de nuevas formas de vida, y de paisajes nunca antes captados por las cámaras; todo aquí, en el planeta Tierra».

Como era de esperar, enseguida comenzaron las críticas. La más divertida es la que se le hizo en la serie de dibujos animados *South Park*. Los guionistas aprovecharon un episodio para ridiculizarlo presentándolo como un ególatra presumido convencido de que tenía una misión solamente al alcance de los héroes.

Pero vayamos a las críticas más serias. Son de dos tipos. La primera es que la gran cantidad de dinero que se empleó en esta expedición se habría podido gastar de forma mucho más eficiente y segura de otra manera. La estimación del coste de desarrollar y construir el Deepsea Challenger y de la expedición es de unos ocho millones de dólares. Si Cristiano Ronaldo y Neymar Jr. han costado cerca de cien y doscientos millones de euros respectivamente, esto no parece tanto, ¿verdad? Hace ya algunos años dirigí una campaña oceanográfica en la Antártida a bordo del Hespérides.

Inmersión

Aquella temporada el Fútbol Club Barcelona acababa de fichar a Rivaldo y calculé que con el coste de aquel magnífico jugador podían financiarse cien campañas oceanográficas como la nuestra. Es evidente que los presupuestos que se dedican a investigación son una parte muy pequeña de lo que se dedica a otros menesteres. En esa misma campaña en la Antártida, antes de comenzarla, el Hespérides nos aguardaba atracado en el muelle de Ushuaia, la ciudad más austral del mundo según los argentinos. Justo detrás estaba atracado el Centauro del Atlántico, un crucero turístico. La desproporción era descomunal. Mientras que el Hespérides tiene unos ochenta metros de eslora, el Centauro del Atlántico debía tener por lo menos doscientos metros y con sus nueve pisos de camarotes parecía un gigante y el Hespérides un barquito de juguete. Los presupuestos que los seres humanos destinamos a cada cosa son muy distintos. Michael Crichton, el autor de *Parque Jurásico*, contaba que tuvo la idea de la novela guardada en un cajón durante años, porque no encontraba una justificación económica para el esfuerzo que representaba recrear dinosaurios. Hasta que se dio cuenta de que el entretenimiento justificaba cualquier gasto. Los humanos estamos dispuestos a gastar lo que sea para divertirnos. La entrada a un museo de unos pocos euros nos parece inadmisible, pero los cien euros para ver un partido de fútbol o un concierto de *rock* no son un problema.

Teniendo todo esto en cuenta, no parece que ocho millones de dólares de origen privado gastados en llegar al fondo del mar sean una mala inversión, ¿cierto? Sobre todo si lo comparamos con los esfuerzos de otras empresas privadas que también intentaron construir batiscafos para llegar al fondo del mar y acabaron abandonando los proyectos. Sir Richard Branson, creador de Virgin Oceanic, dedicó 17 millones; la empresa Triton Subs, 17 millones, y DOER Marine, 40 millones. Es más, dos de las películas dirigidas por James Cameron son las que más beneficios han generado en la historia del cine: *Titanic* recaudó 2.200 millones y *Avatar*, 2.788 millones. No sé qué porcentaje se llevó el director, pero me parece que tenía todo el derecho a gastarse esos millones en lo que le pareciera más apropiado. Otros se lo gastan en lujos, en un Maserati o un Ferrari. Por ejemplo, el *jet* privado de algunos futbolistas está valorado en 19 millones de euros. Cameron se lo gastó en un proyecto ambicioso e ilusionante. Me parece que la opción de Cameron es mucho más atractiva.

Otra crítica seria es que no estaba claro si el proyecto era solamente una aventura deportiva o si realmente iba a resultar en avances científicos. Es evidente que mucha información se puede obtener con vehículos no tripulados (ROV), que son mucho más baratos. Está claro que un vehículo tripulado es inmensamente más caro que uno no tripulado, porque hay que asegurarse de que los seres humanos van a sobrevivir. Si se pierde un ROV, se pierde dinero, pero si se pierde el Deepsea Challenger, una persona muere. Es la misma discusión que con los vuelos espaciales. Colocar un robot en la Luna o en Marte es mucho más barato y menos arriesgado que enviar a una persona, y la información que se puede conseguir es mucha. Entonces, ¿está justificado el coste y el riesgo adicional de mandar un vehículo tripulado a la Luna o al fondo del mar?

Muchos creen que todo ese dinero estaría mejor empleado financiando investigación y no exhibición. Algunas fundaciones privadas, como la Gordon y Betty Moore[13] o la Alfred P. Sloan,[14] financian investigación de primera línea y buscan áreas en las que su contribución tenga un impacto significativo. Por ejemplo, en microbiología marina. Las contribuciones de estas fundaciones son a veces sorprendentemente mayores que los fondos públicos disponibles para el mismo tipo de investigación. Y también hay algo de celos. James Cameron pasa por ser el gran científico explorando los fondos marinos. En realidad, el Deepsea Challenger solamente se trajo algunas horas de vídeo y un par de muestras del fondo marino. Hacer investigación no solo requiere dinero y entusiasmo, exige unos conocimientos, unos protocolos muy rigurosos, unos controles y unas réplicas. Cameron no estaba muy preocupado por estos temas.

Finalmente, hay otra consideración. Los resultados de la investigación que se realiza con fondos públicos tienen que ser de acceso libre. Así es como funciona la mayor parte de la ciencia que se hace en el mundo. Toda la filosofía de la investigación científica se basa en que todo debe ser compartido, público, disponible para todos. En cambio, las inicia-

---

13. <https://www.moore.org/>.
14. <https://sloan.org/>.

tivas privadas no tienen la obligación de hacer públicos los resultados. Algunos críticos se preguntaban si la iniciativa de Cameron tendría o no resultados de valor científico real y si se harían públicos o no.

Los partidarios de Cameron contraatacaron diciendo que los Gobiernos no tienen la flexibilidad y la libertad de movimientos que tienen las empresas privadas y, además, para objetivos de alto riesgo, es mejor no implicar el dinero de los contribuyentes. Si una persona pierde su dinero en una empresa así, es su propia decisión. Además, dicen, simultáneamente se ha diseñado un módulo no tripulado para tomar muestras y en el equipo ha habido siempre científicos colaboradores. Uno de ellos es Doug H. Bartlett. El doctor Bartlett es un científico que trabaja en la Scripps Institution of Oceanography, uno de los centros de oceanografía más prestigiosos del mundo, y lleva décadas estudiando la microbiología de las profundidades del océano. «No conozco a ningún científico que no quisiera aprovechar esta oportunidad a fondo», reconoce Bartlett. Y creo que tiene razón. Los científicos estamos constantemente intentando conseguir fondos para llevar a cabo nuestros proyectos, pero los fondos disponibles son siempre menos de lo que necesitaríamos para cubrir nuestros objetivos. El proyecto de Cameron le ofreció a Bartlett una oportunidad única y algunos de los resultados ya se han empezado a publicar en revistas científicas. Es decir, ya son públicos. Algunos críticos quieren comparar los resultados del Deepsea Challenger con los de otro submarino que lleva medio siglo trabajando: el Alvin.

Inmersión

Gracias a este submarino botado en 1964 se han publicado dos mil artículos científicos. Esta cifra es tan impresionante que el Alvin va a aparecer repetidamente en los próximos capítulos.

Para acabar se me ocurren algunas preguntas. ¿Puede alguien que no tenga el ego de James Cameron liderar una empresa como la de bajar a las profundidades del océano? ¿Es moralmente justificable gastar esas cantidades de dinero en proyectos que arriesgan vidas humanas? ¿Puede separarse el espectáculo de la ciencia? Sinceramente, yo no sabría qué contestar.

19.
Las plataformas continentales y la farmacia del mar

Entre marzo y mayo del 2000 participé en una campaña en el mar de Weddell a bordo del rompehielos alemán Polarstern. Estábamos ya en el otoño austral y el buque tenía que abrirse paso entre lentejones de hielo cada vez más gruesos. Los días eran cortos y la luz del sol llegaba oblicua y dorada. Ya casi no se veían pingüinos, pero las formas siempre cambiantes de los icebergs y las nubes de vapor que sobrevolaban las zonas sin hielo seguían proporcionando paisajes grandiosos. Muchas noches disfrutábamos de las auroras, ese espectáculo abrumador e inalcanzable. Pero nuestro trabajo se concentraba en otro espectáculo abrumador y difícil de alcanzar: las comunidades que viven en el fondo marino. En un momento determinado estábamos una veintena de científicos apretujados mirando un monitor que mostraba las imágenes de vídeo que estaba grabando la cámara instalada en el ROV (el vehículo operado remotamente). Mientras el buque se movía lentamente a la deriva, arrastraba el ROV unos metros por encima del fondo. Nuestra sensación era la de volar con un helicóptero silencioso por encima de una pradera, pero en este caso una pradera de animales, no de hierba. Antes de que existieran estos ROV la única forma de saber lo que había en el fondo era utilizar redes de arrastre, con lo que se destruía todo el sistema. Ahora pueden estudiarse las comunidades del fondo marino (bentónicas) sin destruirlas y, es más, se puede regresar al cabo del tiempo para ver cómo cambian.

Primero sobrevolamos un campo aparentemente sembrado de patatas. Se trataba de esponjas gigantes (*Chinachyra barbata*). Luego, el ROV mostró una zona poblada con la exuberancia de una selva tropical muy diversa, cubierta por esponjas llenas de bultos (*Rossella racovitzae*), ascidias en forma de seta (Sinascidias), gorgonias con forma de cactus (*Thouarella*), de pluma (*Primnoella antarctica*) o de farolillo chino (*Ainigmaptilon antarcticus*), crinoideos como plumeros, ofiuras, holoturias, hidroideos y briozoos en forma de cimitarra (*Meliceritta*), de encajes (*Reteporella*) o de láminas (*Celarinella* sp.). Sí, ya sé que no sabemos qué son estos bichos, pero son un muestrario de la evolución animal, con formas de plumero, de árbol, de tubérculo, de abanico o de hoja de helecho. Durante todo este tiempo, los copos de nieve marina descendían lentamente hacia el fondo, donde serían eficientemente devorados por toda esa fauna exótica. Poco a poco el paisaje cambió y nos adentramos en una pradera de chupa-chups. O más bien un bosque de chupa-chups. Sí, de esponjas con forma de chupa-chups: un palito asentado en el fondo y una bolita al final. Los chupa-chups oscilaban suavemente con las corrientes mientras el ROV seguía desplazándose unos dos o tres metros por encima, registrando los centenares de hectáreas cubiertas por estas esponjas.

Algunos años después, mis colegas del ICM identificaron estas esponjas como una nueva especie y la bautizaron como *Stylocordyla chupachups*. Josep Maria Gili, nuestro jefe de grupo en esa campaña, comentaba: «Le hemos puesto el nombre del caramelo como homenaje a nuestros hijos pequeños, que son los que más sufren nuestra ausencia cuando nos embarcamos en expediciones, durante meses, a océanos lejanos como el Antártico. Es una manera muy dulce y entrañable de agradecerles su sacrificio y su tolerancia ante los retos y la exigencia de nuestra profesión. Quizás con un chupa-chups en la mano podrán entender que siempre nos acordamos de ellos».

En efecto, esa campaña duró casi tres meses, en los que estuvimos lejos de nuestras familias y amigos. Además, aún no existía el WhatsApp y las conexiones por internet eran muy lentas e impredecibles. Pero en campaña, la verdad, hay pocos momentos para sentirse nostálgico. Hay demasiado trabajo, las cosas que uno ve cada día son una maravilla y estar ahí es un privilegio.

El caso es que todos esos organismos que viven en los fondos marinos (el bentos) tienen que comer algo. Y lo único que llega a esas profundidades es lo que cae de arriba. Esponjas, ascidias, corales y demás animales del bentos son todos suspensívoros. Es decir, filtran el agua y capturan bacterias, partículas, nieve marina, lo que sea que esté en suspensión, y se lo comen. Estos animales sin forma de animal cubren buena parte de las plataformas continentales del planeta. Normalmente, a cien o doscientos metros de profundidad. En la Antártida, las plataformas están hundidas hasta los trescientos o los quinientos metros por el peso del casquete de hielo polar. En cualquier caso, estas praderas animales viven gracias a la lluvia de detritus y nieve marina que cae de la superficie.

 Y aquí conviene establecer un paralelismo con las praderas de plantas terrestres. Las plantas no pueden moverse y por eso han desarrollado una gran cantidad de defensas frente a los herbívoros. Algunas son morfológicas, por ejemplo, las espinas, pero otras muchas son químicas. Una buena parte de nuestras medicinas, sabores y fragancias las proporcionan compuestos defensivos fabricados por las plantas. Los animales del bentos tampoco pueden moverse y, por lo tanto, también han desarrollado una gran cantidad de defensas tanto morfológicas como químicas. ¿No sería razonable buscar medicamentos entre los animales del bentos marino?

 Esto es lo que se plantearon los fundadores de una empresa española de biotecnología, PharmaMar S. A. Su argumento fue: los medicamentos actuales contra el cáncer proceden casi todos de plantas, como *Vinca rosea*, *Taxus brevifolia*, *Camptotheca acuminata* o *Podophyllum*, o de bacterias del suelo, como *Streptomyces peucetius*. Pero la vida lleva mucho más tiempo de evolución en el mar y, por lo tanto, los animales marinos tienen que haber inventado muchos más compuestos que las plantas terrestres. En efecto, el 1,8 %

de los extractos de seres marinos tienen actividad anticancerígena, pero solo lo tienen el 0,4 % de los extractos de seres terrestres. De modo que, para empezar, obtener compuestos útiles en medicina debería ser cuatro veces más fácil con organismos marinos. PharmaMar fue fundada en 1986 y treinta años después solamente ha conseguido introducir un medicamento en el mercado: Yondelis, un anticancerígeno encontrado en la ascidia caribeña *Ecteinascidia turbinata*. Aunque parezca un resultado pobre, esto es en realidad un triunfo. Se trata del primer anticancerígeno procedente de un animal marino que se ha comercializado en el mundo. La historia es muy reveladora.

Lo primero que tiene que hacer una empresa de este tipo es mandar a sus buzos a tomar muestras por todos los mares del mundo. Seguro que todos nos apuntaríamos a tener un trabajo como ese, ¿no? Viajar a la Gran Barrera australiana, al mar Rojo, a las aguas de Borneo y bucear rodeado de arrecifes de coral y peces de colores. Suena como unas vacaciones pagadas. En realidad, la cosa no es tan bonita. Solamente llegar a esos lugares requiere viajes muy largos en aviones sin apenas espacio para las piernas, con innumerables escalas, retrasos, cancelaciones, pérdidas de equipajes y de los instrumentos necesarios para bucear, cambios de horarios y comidas no siempre fáciles de digerir. Una vez llegados al lugar hay que contratar a algún patrón local con la embarcación adecuada, regatear el precio, asegurarse de que no nos va a engañar o a dejar colgados y confiar en que el tiempo nos deje ir a trabajar.

Las plataformas continentales y la farmacia del mar

Por fin, llegamos al punto en el que queremos tomar muestras. Nos ponemos los trajes de neopreno y las botellas. Nos dividimos en dos equipos. El primero tomará muestras entre la superficie y los cuarenta metros. Este equipo puede estar más tiempo bajo el agua y trabajar con mayor comodidad y menos peligro. Pero el equipo 2 es el que baja a cien metros. Dijimos que el récord de profundidad con escafandra estaba en los 332 metros. Entonces, ¿cien metros no debería ser coser y cantar? Es cierto que Ahmed Gabr bajó esos 332 metros en solamente doce minutos, pero luego tardó horas en volver a la superficie para realizar una descompresión apropiada. Bajar a cien metros es una operación muy delicada. Recordemos que la presión aumenta en una atmósfera cada diez metros de profundidad. Por lo tanto, a cien metros la presión es diez veces la de la superficie. El aire que se respira tiene que compensar esa presión y eso fuerza a que nitrógeno y oxígeno alcancen concentraciones muy altas en la sangre. Si volviéramos a la superficie muy rápidamente, el nitrógeno a presión escaparía de la sangre formando burbujas que nos causarían embolias y la muerte. Por ello hay que ir haciendo paradas a distintas profundidades para que el nitrógeno extra se vaya eliminando poco a poco por los pulmones. Además, el nitrógeno a alta presión también provoca narcosis. Los buceadores bromean diciendo que el efecto es parecido a tomarse un Martini cada diez metros. Para evitarlo, hay que utilizar una mezcla de gases en las que parte del nitrógeno del aire esté remplazado por helio, que no causa narcosis. En cualquier caso, cien metros son muchos y el tiempo que se puede permanecer a esa profundidad es muy corto. Por tanto, los muestreos no serán muy extensos. Los chupa-chups que vimos en la Antártida estarían totalmente fuera del alcance de los buzos.

Mientras estamos ahí abajo tenemos que buscar animales potencialmente interesantes, recoger muestras y guardarlas convenientemente. Cuando lleguemos a la superficie habrá que preservarlas congeladas y mandarlas a la sede de la empresa en Madrid sin que se descongelen. Los buzos de PharmaMar llevan recogidas más de 175.000 muestras que están cuidadosamente etiquetadas y guardadas para su estudio.

El siguiente paso es el cribado. Hay que probar si alguna de esas muestras tiene actividad anticancerígena. Para ello se mezclan pequeñas alícuotas de las muestras con cultivos de células cancerosas. Aquí tenemos otra de las paradojas de la vida. El mayor problema de las células cancerosas es que crecen y se multiplican sin control. Normalmente, todas las células de nuestro cuerpo se dividen hasta que cada órgano alcanza el tamaño adecuado y luego ya no se dividen más que si hay que reemplazar alguna célula muerta. Por ejemplo, nuestra piel tiene siempre la misma extensión, pero las células de la superficie se van muriendo constantemente. Las capas más internas de la dermis se van reproduciendo para reconstituir la piel, pero no más. Cuando una célula se vuelve cancerosa no responde a ningún control y por eso forma tumores y hace metástasis por todo el cuerpo. Por el contrario, esta característica es una ventaja a la hora de cultivar las células en el laboratorio. Puesto que no paran de dividirse, podemos cultivarlas eternamente. Se dice que esas líneas celulares son inmortales. De hecho, una de las líneas más conocidas se llama HeLa por la mujer a la que mataron: Henrietta Lacks. Henrietta murió en 1951, pero algunas de sus células siguen vivas en muchos laboratorios de todo el mundo. Es más, esas células contienen todo el ADN que sirvió para que Henrietta naciera y creciera. De modo que potencialmente se podría fabricar un clon suyo a partir de las células HeLa.

Pero regresemos a PharmaMar. Las muestras se prueban con varias líneas celulares cancerosas para ver si tienen algún efecto inhibitorio. Como dijimos antes, solamente el 1,8 % de las muestras dan algún resultado positivo. Es decir, la inmensa mayoría no sirven. Hasta aquí hemos estado haciendo biología. El siguiente paso corresponde a los químicos. De esas muestras positivas tienen que aislar el compuesto activo, para lo cual hay que probar distintas estrategias hasta conseguirlo. Luego hay que ver si esos compuestos son novedosos. Claro, si el compuesto ya existe en el mercado, no tiene sentido volver a desarrollarlo. De cada ciento cincuenta compuestos potencialmente interesantes, solamente unos cuarenta resultan ser novedosos. Normalmente, decidir que el compuesto es novedoso requiere averiguar la estructura química y compararla con las conocidas. De nuevo, este paso es arduo, porque la cantidad de estructuras potenciales es enorme y muchas veces se resisten por su complejidad.

Supongamos que hemos conseguido averiguar la estructura de un compuesto. Lo siguiente que tenemos que hacer es comprobar que no sea tóxico. Si lo fuera, no tendría sentido desarrollarlo. Y también tenemos que demostrar que es más efectivo que los compuestos existentes. Si no fuera más efectivo tampoco tendría sentido desarrollarlo. Este proceso suele llevar varios pasos, primero con ensayos *in vitro*, con líneas celulares y finalmente con ratones. Solo una pequeña parte de los compuestos superan esta fase. Pero todavía tenemos mucho que hacer.

Tenemos que encontrar una forma de fabricar el compuesto que sea económicamente rentable. Al principio, con el Yondelis, los técnicos de PharmaMar recurrieron a la maricultura e instalaron cultivos de la ascidia que lo producía en distintas zonas costeras. Pero, claro, para obtener un gramo del producto se necesitaba una tonelada de tejido de ascidia. Ya se ve que esto no es práctico. Además, los cultivos de ascidias no son bien conocidos y eran susceptibles de sufrir enfermedades o de dejar de crecer si las corrientes cambiaban. De modo que los químicos tuvieron que poner a punto un método de síntesis del compuesto que pudiera llevarse a cabo en el laboratorio. Una parte de la síntesis se hace en fermentadores con bacterias manipuladas genéticamente y otra parte se hace en el laboratorio de química. Poner a punto el proceso llevó dos años de trabajos.

Lo siguiente es tarea para los farmacéuticos. Hay que jugar con la estructura de la molécula para ver si sus propiedades mejoran con pequeñas variantes. A veces, un pequeño cambio hará que el producto tenga menos efectos secundarios o que sea más potente. También se prueban combinaciones con otros anticancerígenos ya conocidos porque a veces los cócteles son mucho más efectivos que cada producto por separado. Y luego hay que encontrar la fórmula para administrarlo, con los excipientes adecuados, y decidir si se va a administrar en forma líquida o sólida, por vía oral o intravenosa. Cada paso tiene que comprobarse de nuevo con los medios que hemos comentado para asegurarse de que el producto va mejorando. Otros pasos consisten en averiguar el mecanismo de acción del compuesto y la farmacocinética: la determinación de qué le ocurre al producto una vez administrado, es decir, cómo se absorbe, cómo circula por el cuerpo, cómo es modificado por el metabolismo, cómo actúa sobre las células cancerosas y cómo se elimina. Con toda esta información se prepara un dosier que las autoridades sanitarias deberán aprobar para pasar a la última fase. Y también hay que desarrollar un plan pediátrico para su utilización en niños distinto del de los adultos.

Una vez que se han superado todos estos pasos satisfactoriamente, llega el momento de comprobar la toxicidad y la efectividad del producto en seres humanos. Para ello hay que buscar grupos de voluntarios y hospitales que estén dispuestos a participar en los experimentos. En la fase 1 se comprueba que el producto no tenga efectos secundarios serios en voluntarios sanos. En la fase 2 se compara la efectividad del fármaco con el grupo de control y hay que demostrar que la efectividad es mayor y los efectos secundarios menores que los de otros compuestos ya existentes. Finalmente, en la fase 3 hay que demostrar que todo esto sigue funcionando cuando se amplía la escala del experimento a muchos hospitales y grupos humanos distintos. A veces, el producto supera todos los pasos y se cae en este último. Todo el esfuerzo y dinero empleados a freír espárragos.

Mientras tanto, los abogados han tenido que trabajar para patentar el producto y conseguir la aprobación de las agencias estatales competentes, como la Administración de Alimentos y Medicamentos de Estados Unidos o la Agencia Europea de los Medicamentos. El tema de las patentes es otro paso complicado. La mayor parte de las praderas de animales marinos están en aguas territoriales de distintos países, dentro de la llamada zona económica exclusiva (ZEE). Por supuesto, para tomar muestras hay que solicitar el permiso a la autoridad competente. Hoy en día, este tema se regula mediante el protocolo de Nagoya, aprobado en el 2010 en el marco del Convenio sobre la Diversidad Biológica. La idea es que si un medicamento se desarrolla a partir de un animal muestreado, por ejemplo, en las aguas de Costa Rica, parte de las regalías vuelvan a ese país.

PharmaMar tardó veinticinco años en comercializar su primer anticancerígeno. Este es un período de tiempo bastante habitual. Por ejemplo, Burroughs Wellcome & Company tardó veinte años en comercializar el aciclovir, esa sustancia muy específica contra las infecciones causadas por el virus herpes, como el labial, el genital, el de la varicela-zóster, el Epstein-Barr y los citomegalovirus. En este último caso, los primeros estudios de antivirales se iniciaron en 1962. La sustancia fue encontrada en una esponja del Caribe

(*Tethya crypta*) en 1974 y en 1977 se presentó una solicitud de patente en Estados Unidos. Finalmente, el producto se hizo comercialmente disponible en 1982.

Después de toda esta inversión, la empresa dispone de veinte años para explotar la patente en exclusividad. En realidad, los años de explotación real son menos, porque la patente se hace en cuanto se ve que el producto promete. Si no se hiciera así, se correría el riesgo de que otra empresa lo patentara antes. Después de esos veinte años, cualquiera puede copiar el producto y fabricarlo con una de las llamadas marcas genéricas (especialidades farmacéuticas genéricas, EFG). Como ya han pasado los veinte años de uso exclusivo, ahora el aciclovir puede encontrarse en distintas marcas genéricas. Si nosotros fuéramos empresarios o accionistas de una empresa farmacéutica, estoy seguro de que veinte años nos parecería muy poco beneficio para el tremendo esfuerzo realizado. Pero si fuéramos pacientes, especialmente de países no desarrollados, nos parecería una injusticia no poder acceder a esos medicamentos a un precio más bajo. Si fuéramos ciudadanos del país donde se recogió la esponja o la ascidia de la que se extrajo el producto, nos parecería un robo no recibir nada a cambio y diríamos que la compañía farmacéutica es una pirata. Pero si fuéramos los que han desarrollado el producto, diríamos que ese país no ha hecho nada, excepto no destruir todas su praderas marinas, y que eso no puede compararse con lo que hemos hecho nosotros.

Hay más argumentos. Los países ricos suelen importar materias primas baratas de los países pobres y luego les venden productos manufacturados a un precio mucho más alto. De nuevo nuestra perspectiva a este respecto dependerá de en qué país estemos. Desde un punto de vista ético, parece razonable intentar disminuir las diferencias entre países y el pago de regalías por medicinas parece un paso en esa dirección. Pero se corre el riesgo de añadir los fármacos a la lista de materias primas exportadas, junto a plátanos o petróleo. En realidad, sería más ético instalar parte de las industrias para desarrollar los fármacos en los países de origen. En fin, que como en casi todas las partes de este libro ya hemos topado con otra polémica.

Ya dijimos que el número de especies marinas domesticadas está aumentando en un 3 % anual. Pero el número de productos naturales procedentes de especies marinas aumenta más rápido (4 % anual) y todavía aumenta más rápido el número de genes de seres vivos marinos que dan lugar a alguna patente (12 % anual). En este último caso ya no hace falta ni siquiera recoger el organismo. Basta con una pequeña muestra para extraer el ADN y a partir de este pueden buscarse genes que puedan hacer cosas interesantes. De hecho, ya vimos que la mayor parte de los seres marinos son bacterias, esas 10^{29} células que ocupan los océanos tienen un genoma cada una, y cada uno de esos genomas tiene entre mil y diez mil genes. ¿Cuántas moléculas potencialmente útiles están en esa ingente cantidad de genes esperando a que las descubramos? Además, los animales bentónicos que hemos comentado más arriba están sobre todo en las plataformas continentales. Pero la mayor parte del océano (un

65 %), y, por lo tanto, la inmensa mayoría de las bacterias, queda fuera de la ZEE. Y para estas zonas no existe regulación. En principio, cualquiera puede ir y tomar muestras y no pagar regalías a nadie si consigue desarrollar un producto.

Entre el 2004 y el 2006 J. Craig Venter, uno de los promotores de la secuenciación del genoma humano, dio la vuelta alrededor del mundo en su yate Sorcerer II tomando muestras para secuenciar el ADN del océano. A su paso dejó un reguero de protestas y lo llamaron «pirata del mar». Se suponía que iba a descubrir medicinas y fuentes de energía y que iba a patentarlas. Los países se indignaban porque muestreara en sus aguas. En este caso, el enfado era ridículo, porque las bacterias se mueven con las corrientes y las mismas especies van a estar dentro y fuera de las aguas de cada país. Hoy en día las secuencias que obtuvo Venter están depositadas en bases de datos públicas y la mayoría de los científicos que trabajamos en el mar las hemos utilizado en un momento u otro. La supuesta piratería se ha convertido en un tesoro compartido. Pero la investigación para recuperar productos útiles del mar y, en particular, bacterias se ha intensificado. Se estima que el mercado global de la llamada biotecnología azul (biotecnología con productos marinos) alcanzó los dos mil millones de euros a principios del siglo XXI, cuando realizamos nuestra campaña en el mar de Weddell, y que desde entonces ha crecido cerca de un 10 % anual. Es evidente que se requiere un esfuerzo regulador internacional para intentar un desarrollo de la biotecnología marina sostenible y equitativo.

Bajo la piel del océano

Desde el Polarstern, seguimos derivando sobre el bosque de chupa-chups. Repentinamente, llegamos a una zona desnuda. Hemos pasado de la exuberancia de una selva a la desolación de un desierto. El fondo parece como si estuviera roturado por un arado gigantesco. Los glaciólogos explican que se trata del resultado de un iceberg que pasó arrastrando su parte inferior por el fondo y arrancando todo lo que había. El doctor Gili estima que reconstituir las praderas que veíamos hace unos minutos puede llevar centenares de años. Este fenómeno es parte de los ciclos de la naturaleza. Los glaciares son un componente inevitable de la Antártida. Durante millones de años, han estado roturando las plataformas antárticas y los animales han vuelto a colonizarlas. Pero en el Mediterráneo y en otros mares más cercanos el fondo marino está igualmente destrozado y no se debe a ningún glaciar, se debe a la pesca de arrastre. Parece que los países desarrollados ni siquiera somos capaces de conservar nuestras praderas marinas.

20.
Luces en la oscuridad

Ken Nealson está en alta mar. En el Pacífico tropical. El buque oceanográfico en el que navega desde hace ya varias semanas sigue un rumbo noroeste. La mar es arbolada y las olas de diez metros parecen montañas que están a punto de abalanzarse sobre el buque. Pero a Ken no le preocupan las olas ni la tempestad, ni el hecho de que tiene que sujetarse con ambas manos a la batayola para no convertirse en un hombre al agua. Solamente ha salido a cubierta para cumplir el ritual que ha repetido todos y cada uno de los innumerables días que ha pasado en alta mar durante su larga carrera científica. Lo que busca es una luminiscencia en el agua. Lo que busca es el mar lácteo. Pero no. Esta noche tampoco. La mar es impresionante, está mostrando toda su violencia, pero esta noche tampoco es luminiscente. Acaso mañana.

Lo que el doctor Nealson busca en sus noches en el océano lo encontró el capitán del SS Lima, un buque de la marina mercante británica, el 25 de enero de 1995. En el cuaderno de bitácora escribió: «A las 18:00 GMT (21:00 hora local), en una noche despejada y sin luna, mientras navegábamos a unas ciento cincuenta millas de la costa somalí, observamos un resplandor blanquecino en el horizonte y, después de unos quince minutos de navegación, el buque quedó completamente rodeado por un mar de color blanco lechoso con una luminiscencia muy uniforme. La bioluminiscencia cubría todo el océano, de horizonte a horizonte, y parecía como si el buque navegara sobre un campo nevado o patinara sobre las nubes».

Diez años más tarde, el científico Steven Miller, de los Laboratorios de la Armada Americana, buscaba con paciencia cualquier observación de océanos lácteos que se hubiera producido después de 1992. Una vez identificado el fenómeno en el cuaderno de bitácora del SS Lima, Miller recuperó las imágenes de satélite tomadas esa noche sobre el océano Índico, buscando alguna señal que indicara una luminiscencia especial. Y, efectivamente, en la zona exacta en la que estaba el buque esa noche, las imágenes de los satélites del Departamento de Defensa norteamericano mostraban una gran mancha blanquecina de 250 km de largo por 50 de ancho.[15]

¿Cuál es la causa de este fenómeno tan extraño? La verdad es que nadie ha podido demostrar nada y el fenómeno sigue siendo un misterio. Pero científicos como Ken Nealson y Steven Miller creen que la luminiscencia blanquecina se debe a unas bacterias muy especiales que pueden producir luz, igual que las luciérnagas. Nealson inició su carrera

---

15. <http://www.lifesci.ucsb.edu/~biolum/organism/milkysea.html>.

Luces en la oscuridad

científica estudiando bacterias como *Vibrio harveyi* y *Vibrio fischeri*. Estas bacterias se encuentran en los océanos en concentraciones muy bajas, aparentemente aguardando, sin hacer nada especial. Pero de cuando en cuando se encuentran con un calamar o con un pez de profundidad y entonces se produce el flechazo. Las bacterias penetran en un órgano especial del animal. En el caso del calamar *Euprymna scolopes* de Hawái, se trata de una cavidad con unas células con cilios que van filtrando el agua de mar, de modo que cada segundo entra en el órgano del calamar una célula de *Vibrio fischeri*. Una vez allí se produce un reconocimiento entre ambos seres vivos. La bacteria nada activamente hacia las cavernas del órgano. Y el animal la deja instalarse, a diferencia de lo que hace con todas las demás bacterias que no son luminiscentes. Una vez que se encuentran, ambos cambian su anatomía. Las bacterias pierden sus flagelos y se hacen más pequeñas y el calamar reabsorbe las células con cilios y empieza a producir secreciones ricas en nutrientes, particularmente en aminoácidos, para alimentar a sus nuevas amigas. Las bacterias empiezan a reproducirse exponencialmente y, en pocos días, alcanzan unas concentraciones mareantes, miles de millones de células en cada órgano luminoso de cada calamar.

El caso es que las células de *Vibrio harveyi*, una vez que alcanzan esas concentraciones, empiezan a emitir luz. Y el calamar dispone de un reflector plateado para proyectar esa luz y de un saco de tinta para bloquear la emisión de luz si fuera necesario. ¿No es evidente que el calamar utiliza las bacterias como una linterna?, y las bacterias, ¿no parece claro que utilizan al calamar como una fuente de nutrientes para reproducirse y perpetuarse? Este es uno de los ejemplos más claros de simbiosis mutualista, en la que dos especies de seres vivos colaboran para beneficiarse mutuamente.

La producción de luz por las bacterias es un fenómeno muy bien estudiado en el laboratorio. El propio Nealson contribuyó a esclarecer los detalles metabólicos. La bioluminiscencia no es más que una modificación de ese proceso tan universal y tan bien conocido que es la respiración. Cuando respiramos, tanto los animales como las plantas y una infinidad de microorganismos, lo que hacemos es transformar la energía acumulada en nuestros alimentos en ATP, una molécula que es algo así como la moneda energética en la biología. Un símil muy apropiado de este proceso de respiración es el de un río con varias centrales hidroeléctricas a lo largo de su recorrido. En la cabecera del río, el agua tiene una energía potencial debido a que está muy por encima del nivel del mar. Podremos convertir esta energía potencial en energía eléctrica instalando una serie de presas y turbinas a lo largo del curso del río. En cada presa convertiremos una parte de la energía potencial del agua en energía eléctrica, que podremos utilizar para lo que queramos. En la respiración se produce el mismo fenómeno. La energía química encerrada en las moléculas que constituyen nuestro alimento es liberada en pequeños saltos y convertida en esas moléculas de ATP. Después, ese ATP puede utilizarse para todo: para mover los músculos del corazón, para mantener la temperatura corporal o para ganar el campeonato del mundo de motociclismo moviendo una moto de 160 kilos de un lado a otro con la habilidad que solo tiene Marc Márquez.

La bioluminiscencia no es más que una desviación de energía en este proceso. En lugar de producir ATP, una parte de la energía se utiliza para producir luz. Lo más curioso es que una célula bacteriana aislada no produce luz. Para que este proceso se ponga en marcha hace falta que esa bacteria se sienta acompañada por muchas otras bacterias de su misma especie. Este fenómeno se llama «sensibilidad coral» (*quorum sensing*) y consiste en que las células excretan determinadas sustancias al medio. Cuando hay un número suficiente de células, la concentración de esas sustancias supera un umbral determinado. Las células lo detectan y entonces, y solamente entonces, empiezan a producir luz. Lógicamente, si volvemos a nuestro océano nocturno, las células que nadan libremente en el mar están en concentraciones demasiado bajas como para superar ese umbral y sencillamente no emiten luz. En cambio, cuando se encuentran en los órganos del calamar o del pez, la concentración es tan alta que todas las células empiezan a emitir luz de forma constante.

Entonces, ¿cómo es posible que se produzcan esas acumulaciones de luz lechosa que abarcan centenares de kilómetros en alta mar? El número de bacterias que se necesitaría, según los cálculos de Miller, es de cien millones en cada mililitro de agua. Un mililitro cabe holgadamente en una cucharilla de café. Y en ese volumen minúsculo tiene que haber cien millones de bacterias de la especie bioluminiscente. Normalmente, en el agua de mar hay unas quinientas mil bacterias por mililitro. Pero estas bacterias pertenecen a centenares o quizás a miles de especies distintas. De modo que para producir el mar lácteo se necesitan doscientas veces más bacterias de lo normal y, además, que sean todas de la misma especie. Y si calculamos cuántas bacterias se necesitarían para producir esa mancha de 250 km, resulta que sumarían un 1 seguido de 28 ceros. ¿Qué tipo de fenómeno podría causar esta acumulación extraordinaria de bacterias de una sola especie? La verdad es que nadie lo sabe. Este es uno de los muchos misterios que sigue albergando el mar.

Se podría pensar que a quién le importa. Después de todo, ¿para qué sirve una bacteria bioluminiscente? Craso error. En ciencia nunca se puede decir que determinado estudio no «sirve para nada». El caso de las bacterias bioluminiscentes es paradigmático. En primer lugar, los genes responsables de la emisión de luz (los genes *lux*) se han aislado y se han introducido en la bacteria *Escherichia coli*, el conejillo de Indias de la biología molecular. En un sinfín de aplicaciones se utiliza la emisión de luz gracias a la presencia de estos genes en *E. coli* como señal para indicar la presencia o ausencia de determinadas propiedades. Hay empresas que fabrican kits y que facturan millones de euros cada año gracias a los genes *lux*. Pero hay más. Resulta que *Vibrio harveyi* y *Vibrio fischeri* son parientes muy cercanas de *Vibrio cholerae*, la bacteria responsable de esa enfermedad que cada año afecta a tantos millones de personas, sobre todo en países del tercer mundo. De manera que comprender los mecanismos mediante los que *Vibrio fischeri* se adhiere al órgano lumínico del calamar puede ayudar a entender cómo *Vibrio cholerae* interactúa con la mucosa de nuestro intestino. Y también la sensibilidad coral puede ayudar a entender cómo determinadas cepas bacterianas pueden convertirse en patógenas al alcanzar concentraciones elevadas.

A pesar de todo lo que hemos aprendido sobre la fisiología y la genética de estas bacterias, todavía nos resulta difícil imaginar cómo pueden llegar a formar esas masas inmensas en el océano. Las historias de mares lácteos fueron contadas por marineros desde siempre. Hasta que Miller y sus colaboradores demostraron que este fenómeno podía detectarse desde un satélite, encontrar una mancha de mar lácteo era una cuestión de azar y con unas probabilidades muy bajas, como pudo comprobar personalmente Ken Nealson. Gracias a los satélites, a partir de ahora será factible detectar la presencia de una de estas manchas, que duran tres o cuatro días como mínimo, en cualquier lugar del océano. De manera que, aunque logísticamente complicado, no es imposible mandar un buque o un helicóptero a tomar muestras para realizar los estudios adecuados que permitan explicar el mar lácteo. Tal vez en unos pocos años el misterio haya sido desvelado. Pero eso no lo hará menos extraño o mágico. Muchos fenómenos lumínicos de la naturaleza, como las auroras, los halos lunares, los parhelios, los arcoíris o las luces zodiacales se comprenden perfectamente, pero continúan siendo espectáculos maravillosos.

* * *

De todos modos, producir luz en la superficie del mar no deja de ser superfluo. En cuanto salga el sol, habrá mucha más luz que la que nunca puedan producir las bacterias del mar lácteo. En cambio, en las profundidades batiales, donde no llega nunca la radiación solar, tal vez sí que tendría sentido llevar una linterna biológica. Y, de hecho, una proporción muy alta de los seres vivos marinos (se calcula que un 80 %) utilizan la bioluminiscencia de una u otra manera. Se estima que la bioluminiscencia ha aparecido independientemente más de cuarenta veces a lo largo de la evolución. Existen más de cuatro variantes bioquímicas distintas para emitir luz y hay especies bioluminiscentes en casi todos los grupos de seres vivos marinos, desde las algas dinoflageladas hasta los peces, treinta grupos de animales distintos e infinidad de bacterias y protistas. En cambio, entre los seres vivos terrestres solamente unos cuantos utilizan la bioluminiscencia: las luciérnagas, algunos hongos, insectos y gusanos. Claro, en tierra aproximadamente la mitad del tiempo hay luz solar y ahí la bioluminiscencia no es tan útil, pero en el océano oscuro no hay otra fuente de luz que la que los propios organismos sean capaces de generar.

Hace algunos años estaba trabajando en el Instituto Marino de la Universidad de Georgia (Estados Unidos), que está en la isla Sapelo, una de las muchas islas que forman una barrera paralela a la costa atlántica de Norteamérica. La única diversión que teníamos era ir la playa de Nannygoat, una playa solitaria por delante de la cual nadaban delfines y volaban pelícanos. Lo más interesante era ir de noche. Caminábamos por la arena con una linterna, deslumbrando a los cangrejos fantasma que, después de la puesta del sol, salían de sus madrigueras y corrían lateralmente de un lado a otro. Pero el momento mágico llegaba al apagar la linterna. De repente, las olas que rompían suavemente contra la playa se iluminaban con un resplandor azulado. Nadar entre aquellas olas era extraordinario, cada brazada generaba más luz, cada patada dejaba un reguero luminoso, como si el mar respondiera a nuestros movimientos con fuegos artificiales.

Esas luces se debían, cómo no, a microorganismos. En este caso se trataba de un dinoflagelado muy conocido: *Noctiluca scintillans*. Las noctilucas responden al contacto con un cuerpo extraño con destellos de luz. Por eso si uno da una brazada en un mar poblado de noctilucas, deja una estela de luz. Muchos de los organismos bioluminiscentes responden al contacto emitiendo destellos de luz. Edith Widder, de la Ocean Research & Conservation Association en Florida (Estados Unidos), aprovechó esta característica de muchos organismos bioluminiscentes para estudiarlos *in situ*. Diseñó un artilugio, el Deepscope, que llevaba una cámara muy sensible en un extremo de una estructura horizontal y un cedazo en posición vertical al otro extremo. El aparato se sumergía en la oscuridad del océano. Los seres vivos de todos los tamaños topaban accidentalmente con el cedazo e inmediatamente respondían con destellos de luz. La doctora Widder describía así la experiencia de ver estas muestras de luz: «Explosiones de chispas, humaredas azuladas, largas cadenas de sifonóforos luminosos». Y es que en cualquier lugar en que se encuentren los seres vivos tienen que comer, tienen que evitar ser comidos y tienen que encontrar pareja. Y en la total oscuridad de la zona batial una buena solución para esos tres problemas es encender una linterna.

Para evitar a los depredadores hay al menos dos estrategias. La primera ya la hemos visto: es la del calamar que camufla su silueta ventral emitiendo una cantidad de luz equivalente a la que llega desde la superficie. Esta estrategia es apropiada para las zonas de penumbra más cercanas a la superficie o para las propias aguas superficiales durante la noche, tal como hacía el calamar de Hawái. Esta misma estrategia es la que siguen multitud de peces de aguas mesopelágicas. Sin embargo, a mayor profundidad este sistema sería contraproducente. Puesto que no hay nada de luz, cualquier luz emitida revelaría la presencia del organismo en lugar de camuflarla. Por eso en las zonas batial y abisal, las formas de usar la luz para evitar ser comidos son diferentes. Algunos animales escupen chorros luminosos cuando se sienten amenazados. Esto es lo mismo que hace el calamar cuando escupe su tinta. La aparición repentina de tinta en la zona iluminada del mar es tan sorprendente para el depredador potencial como la aparición de un chorro de luz en las profundidades oscuras. Algunos animales van más allá y si son mordidos pueden deshacerse de parte de su cuerpo, que sigue agitándose y produciendo luz, para alejar al depredador. Esto es muy parecido a las lagartijas, que pueden perder la cola, que no para de agitarse, para escapar.

Luces en la oscuridad

Vale, estas son formas de utilizar la luz para escapar. Pero otros animales la utilizan para atraer y capturar a las presas. Un ejemplo muy conocido es el del pez señuelo (*Melanocetus johnsonii*). Si vamos a la pescadería y nos fijamos en sus parientes, los rapes, veremos que tienen una boca enorme y una cola poderosa (la parte que está más rica). Pero si nos fijamos bien, veremos que encima de los ojos tienen una especie de antena con un bultito al final. Cuando está vivo en el mar, el rape mantiene esta antena elevada y la mueve para atraer a posibles presas. El pez señuelo en ese bultito mantiene un cultivo de bacterias luminiscentes igual que hacía el calamar de Hawái. El punto de luz, ligeramente oscilante con las corrientes, atrae a muchos pececillos, no sabemos si como las polillas se acercan a la luz o porque confunden la luz con una presa. El caso es que muchos peces imprudentes se acercan a la lucecita y entonces el pez señuelo da un salto con su poderosa cola, abre su gran bocaza y se traga al incauto. Los guionistas de *Buscando a Nemo* utilizaron esta conducta del pez señuelo en una de las escenas de la película.

Hay otras formas de utilizar la luz mucho menos dramáticas. Muchas especies de profundidad utilizan señales luminosas para encontrar pareja. Un caso ejemplar es el de los ostrácodos, unos crustáceos (parientes de las gambas) de unos pocos milímetros de longitud. En la oscuridad, los ostrácodos se desplazan produciendo puntitos de luz cada pocos segundos. El intervalo entre puntos y el patrón general son característicos de cada especie. Es como los faros en la costa. Cada faro tiene un patrón de destellos distinto, de modo que los marinos puedan identificarlo correctamente. Del mismo modo, las hembras de ostrácodo se fijan en esos patrones y pueden identificar cuándo pasa un macho de su propia especie. Este comportamiento es parecido al de las luciérnagas en tierra. Gracias a la emisión de luz, las parejas pueden encontrarse y dejar descendencia.

Como vemos, el océano oscuro está lleno de seres vivos que emiten señales de luz por distintas razones: para camuflarse, para despistar, para atraer la comida o para encontrar pareja. El resultado es una sinfonía lumínica propia de un Laserium. Literalmente. La magnitud de la bioluminiscencia en el mar pudieron comprobarla, absolutamente desconcertados, los científicos responsables de la plataforma para la detección de neutrinos Antares. A ver, ¿qué tendrán que ver los neutrinos con la bioluminiscencia? Aquí necesitamos un pequeño paréntesis. Los neutrinos son una de las partículas más difíciles de detectar. Pueden atravesarnos sin que nos demos cuenta. De hecho, decenas de millones de ellas atraviesan cada centímetro cuadrado de nuestro cuerpo sin que notemos nada. Pueden atravesar la Tierra sin que nadie note nada. De cuando en cuando, con una probabilidad ínfima, un neutrino interactúa con otra partícula y el resultado es que se emite un fotón. Es decir, luz. Una buena manera de detectar neutrinos, por lo tanto, es colocar detectores de luz ultrasensibles en lugares de absoluta oscuridad. ¿Y qué lugares cumplen esos requisitos? Pues hay tres: el hielo de la Antártida, los túneles en minas profundas y el fondo del mar. ¡Ajá! El fondo del mar. No es extraño que se decidiera

Luces en la oscuridad

instalar un gigantesco detector de neutrinos en el fondo del mar. El proyecto Antares colocó detectores a dos mil metros de profundidad en el Mediterráneo noroccidental, al sur de Toulon. La idea era que los sensores de luz ultrasensibles podrían detectar la improbable colisión de algún neutrino con otra partícula gracias al fotón emitido.

Pero los científicos detectaron un fenómeno extraño. En determinadas épocas del año, los sensores empezaban a detectar neutrinos como locos. Obviamente, algo raro estaba pasando porque la probabilidad de detectar tantos neutrinos era, utilizando uno de los adjetivos favoritos de los físicos, «despreciable». Gracias a la cuidadosa planificación del proyecto, el detector Antares también tenía cámaras de vídeo y cuando los científicos examinaron esos vídeos el espectáculo fue maravilloso. Había rastros de luz de todos los tamaños y frecuencias: puntitos discretos, nubes vaporosas, trazos firmes y sostenidos, y luces que se encendían y apagaban con parsimonia. He tenido la oportunidad de ver uno de esos vídeos y, sinceramente, era como estar contemplando fuegos artificiales. Algunos científicos han equiparado los juegos de luces en las profundidades del océano con un Times Square acuático. Esos vídeos demuestran la gran importancia de la bioluminiscencia en el océano. Otro fenómeno marino sobre el que lo desconocíamos casi todo.

21.
Batial. Mundos alternativos: ecolocalización y electricidad

Sin duda, la bioluminiscencia es un fenómeno fascinante. Pero, al fin y al cabo, se trata de la luz y la visión, dos cosas que nos resultan muy familiares porque nuestro cerebro es fundamentalmente visual. En realidad, el océano nos tiene preparadas algunas sorpresas más, cosas que sugieren la existencia de esas capacidades extrasensoriales que tanto atraen a algunas personas incautas. Por supuesto, la bioluminiscencia desempeña un papel esencial en la ecología del mar. Pero hay otros sentidos que los animales marinos han desarrollado de forma sorprendente. Vamos a hablar de la ecolocalización y de la electricidad. Y lo más alucinante es que nosotros también tenemos esos sentidos, aunque no lo sepamos.

Ya hemos comentado que las ondas electromagnéticas no se propagan bien en el agua. La luz es rápidamente absorbida y solamente la de color azul penetra hasta cien o como mucho doscientos metros. El 95 % restante del océano consiste en agua en la oscuridad. Como las ondas de radio también son electromagnéticas, tampoco penetran bien y esto inutiliza el radar para los estudios bajo el agua. En cambio, las ondas sonoras se propagan estupendamente y la electricidad también. Así que en un mundo oscuro tendría sentido que los animales hubieran aprendido a utilizar el sonido y la electricidad. De hecho, casi todos los animales emiten sonidos y pueden escucharlos. Este es un modo de comunicación que conocemos bien. En algunas especies, los sonidos se limitan a algunos gorjeos, como en el gorrión, mientras que en otras hay una gran elaboración de cantos, como en el canario.

La combinación de luz y sonido puede producir fenómenos chocantes. El pez guardiamarina (*Porichthys notatus*) vive en las costas del Pacífico, desde Alaska hasta Baja California, y aunque frecuenta las zonas intermareales puede encontrarse hasta los trescientos metros de profundidad. Esto no tiene nada de particular. Lo singular de este pez es que cuando le llega el celo, los machos se ponen a cantar entre las dos y las seis de la madrugada emitiendo un zumbido casi sin interrupción. Las personas que viven a la orilla del mar sufren un monótono concierto que no los deja dormir. En Sausalito (California) han llegado a organizar un festival para convertir esa tortura en una fiesta. El lector puede compadecer a esas personas escuchando el «canto» de este pez en YouTube. Para emitir este zumbido, el pez aprovecha su vejiga natatoria, una cámara llena de aire cuya misión principal es regular la flotabilidad del pez, y una musculatura que puede vibrar a una frecuencia altísima. Se trata de un zumbido monótono e interminable que recuerda a un aire acondicionado. El macho canta desde un refugio bajo una piedra y lo hace solamente de noche para evitar a los depredadores. Las hembras encuentran este zumbido irresistible y se acercan para poner los huevos en el refugio del macho. Al mismo tiempo, el pez guardiamarina tiene una serie de fotóforos en la parte ventral que emiten bioluminiscencia. De hecho, el nombre común de este pez se debe a que la distribución de estos fotóforos en el vientre del pez recuerda la botonadura del uniforme de un guardiamarina. Parece que durante el celo los machos están verdaderamente radiantes desplegando su espectáculo de luz y sonido. Recientemente, se ha demostrado que los peces guardiamarina saben cuándo tienen que cantar gracias a la melatonina, la sustancia que regula nuestros ciclos diarios de sueño y vigilia. Si se coloca al pez en la oscuridad permanente, sigue cantando cuando toca gracias a su reloj interno regulado por la melatonina. Si se lo coloca en luz permanente, deja de cantar. Pero si en esa situación se le inyecta melatonina, se pone a cantar inmediatamente, haya luz o no.

En el mar, los delfines parecen los campeones del uso de los sonidos para comunicarse. Se ha podido comprobar que cada individuo tiene un «nombre» expresado con un silbido característico que emiten tanto ellos mismo cuando se acercan a otros congéneres como sus parientes y compañeros cuando los buscan. Se ha especulado mucho sobre si los delfines tienen o no un lenguaje sofisticado que se aproxime al humano. Para disponer de un lenguaje complejo, los delfines deberían tener un cerebro apropiado. En efecto, el cerebro de los delfines es bastante grande, de hecho, más grande que el nuestro. Y si consideramos al misticeto más grande, el cachalote, su cerebro es unas siete veces más pesado que el nuestro. Claro, también es cierto que es un animal mucho más grande, cuyos machos adultos llegan a los veinte metros de longitud, mientras que los jugadores de baloncesto más altos apenas superan los dos metros. Si dividimos el peso del cerebro por el del cuerpo, nos llevamos una sorpresa: el animal con un cerebro proporcionalmente más grande es la musaraña. Nadie creerá que las musarañas son muy inteligentes... El siguiente paso es fijarse en la corteza cerebral. De nuevo la del cachalote es mucho más extensa que la nuestra, pero la humana dispone de seis capas de neuronas superpuestas, mientras que los cetáceos solamente tienen cinco. El tema no está nada claro, pero existe la posibilidad de que en algún momento seamos capaces de comunicarnos con los delfines usando su sistema de silbidos, gruñidos y voces.

La forma verdaderamente original de utilizar el sonido es mediante la ecolocalización. En el aire, los murciélagos utilizan este sistema para volar sin problemas en la oscuridad de sus cavernas o durante sus actividades nocturnas. Dado que la mayor parte del mar es oscura, parece inevitable que haya animales que utilicen este sistema para «ver» su entorno. De hecho, esto es lo que hacemos los humanos con el sonar. Se manda un ping sonoro y se escucha a ver cuándo y cómo llega el eco. Todos hemos visto películas de submarinos con el «tuing, tuing, tuing» y el marinero de turno señalando un puntito de luz en una pantalla. Pero un puntito de luz en una pantalla es una representación muy pobre del entorno. Los animales necesitan algo mejor que un sonar para desenvolverse en las profundidades, para navegar y encontrar a sus presas.

Uno de los casos más espectaculares es el de los cachalotes (*Physeter macrocephalus*). Además de monstruos legendarios, estos cetáceos son una maravilla de adaptación a las zonas batiales. En lugar de esperar a que sus presas suban a la superficie durante la noche, los cachalotes bajan a buscarlas entre los cuatrocientos y los dos mil metros de profundidad, donde la oscuridad es total y donde la leyenda dice que libran batallas agónicas con los calamares gigantes. Es cierto que muchos cachalotes tienen marcas de las ventosas de estos calamares sobre su piel, lo que demuestra que ha habido una pelea. Pero examinando los estómagos y las heces de los cachalotes se ha podido comprobar que la mayor parte de su alimento son calamares mucho más pequeños, de entre 10 y 700 gramos de peso, mucho más modestos que el calamar gigante, que puede llegar a los 21 metros de largo y los 275 kilos de peso. En cualquier caso, los cachalotes tienen que detectarlos en la oscuridad batial y capturarlos. ¿Cómo se las arreglan?

Bertel Møhl, uno de los pioneros de este campo de estudio, definió a los cachalotes como «una nariz gigante con un motor fueraborda detrás». Efectivamente, la cabezota del cachalote nos parece completamente desproporcionada (representa un tercio del peso total). Lo que debería hacernos meditar es que la mayor parte está ocupada por una modificación de la nariz. Llegar a esta conclusión ha sido muy complicado. Durante mucho tiempo, las únicas personas con acceso a cachalotes eran los balleneros. Para ellos, la cabeza del cachalote era sencillamente la fuente de espermaceti, una grasa que se utilizaba en cosmética y como lubricante. Los balleneros podían obtener hasta tres toneladas de espermaceti de un macho adulto. En *Wikipedia* se puede ver una película filmada en 1922 de todo el proceso de captura, despiece y procesado de un cachalote. Resulta a la vez enternecedor y triste ver, por una parte, la alegría de unos hombres cuya subsistencia dependía de cazar un cachalote y, por otra, el exterminio de estos cetáceos extraordinarios. El caso es que los balleneros amarraban el cachalote al velero y empezaban a despiezar el corpachón ordenadamente, izando cada parte a cubierta para su procesado. Solamente la mandíbula podía medir siete metros de largo con cuarenta y seis poderosos dientes. Una de las primeras cosas que extraían era una parte de la cabeza que en inglés llamaban *junk* (basura), como una masa sólida de cera grasienta que podía llegar a las diez toneladas, y luego vaciaban a cubos el «estuche», una envuelta de tejido conectivo y músculos donde estaba el espermaceti. Además, estaba toda la grasa aislante que los animales marinos llevan alrededor del cuerpo para regular su temperatura en las aguas frías, en el caso de los cachalotes, hasta tres o cuatro grados de temperatura.

El caso es que los balleneros no estaban interesados en describir la anatomía de los cachalotes y los científicos solo tenían acceso a los cetáceos cuando alguno varaba en una playa, normalmente después de varios días descomponiéndose, de modo que la morfología ya no era más que una masa confusa de tejidos malolientes. Incluso con un ejemplar bien conservado, el tamaño descomunal hacía difícil entender cómo era cada estructura. Al final, recurriendo incluso a colocar la cabeza de una cría de cetáceo recientemente muerta en un CAT (*computer-assisted tomography*) y utilizando modelos de ordenador, se ha podido llegar a reconstruir la anatomía de la supernariz del cachalote.

En la figura 11 puede verse un esquema de esta supernariz. Los conductos nasales del cachalote se han alargado muchísimo y, además, se han diferenciado uno de otro. El izquierdo llega al extremo frontal de la cabezota y se abre al espiráculo. Esto es lo que uno esperaría si se utilizara solo para respirar. Siempre ha sido un enigma el porqué los cachalotes solamente tenían un espiráculo lateral. Esto hace que su chorro de vapor sea fácilmente reconocible, pero no se entendía por qué. Pero si nos fijamos en el conducto derecho las cosas se aclaran. El conducto llega a un saco distal y se comunica con este saco mediante unos labios llamados labios fónicos. Junto a ellos hay unas bolsas de grasa llamadas *bursae cantantes*. Sobran las explicaciones de para qué sirven. Es evidente que si el cachalote decide soplar a través de estos labios, puede modular el impulso igual que uno haría un silbido o una pedorreta. El cachalote es más serio que nosotros y emite un chasquido que el saco distal refleja como si fuera un espejo para el sonido. Entonces, el sonido atraviesa todo el saco de espermaceti hasta el saco frontal (en la frente del cráneo, pero en la parte posterior del espermaceti), que también está lleno de aire y que de nuevo refleja el chasquido, esta vez en una línea inclinada hacia abajo. El chasquido penetra en el *junk*, un órgano de tejido conectivo con unas lentes sonoras de grasa que pueden focalizar el sonido en una dirección determinada, como si el *junk* fuera un cañón sonoro. Todos estos elementos permiten al cachalote modular con precisión el sonido que emite y, lo que es muy importante, enviar un chasquido de una potencia sobrecogedora. Se ha estimado que pueden llegar a los 236 decibelios. Para comparar, un avión al despegar produce unos 130 dB y para llegar a los 200 dB tendríamos que escuchar la explosión de una bomba atómica. Se ha especulado incluso con que la potencia de estos chasquidos pudiera servir para atontar a las presas, pero esto no está nada claro. Hay que tener en cuenta que bajo el mar el sonido no se percibe de la misma forma que en el aire. Lo que sí es cierto es que los chasquidos de los cachalotes son uno de los sonidos más potentes que pueden oírse y pueden propagarse incluso a veinte kilómetros de distancia.

La conclusión es que la nariz del cachalote es un aparato muy sofisticado para emitir sonidos y captar los ecos. Los cachalotes emiten varios tipos de chasquidos y cada uno de ellos puede modularse a voluntad. Algunos de ellos son de baja frecuencia y no muy direccionales. Se cree que estos se utilizan para comunicarse. Una de las variantes se compone de una serie de chasquidos que son característicos de cada individuo. Estas series de chasquidos se han llamado codas, igual que en música. En cambio, otro tipo de chasquidos son de mucha mayor potencia y muy focalizados y se utilizan para la ecolocalización. El primero de estos es un chasquido exploratorio. Es como el sonar de un submarino. El cachalote va mandando chasquidos y recogiendo los ecos para ver qué hay alrededor. Cuando localiza una presa, pasa al segundo tipo, mucho más acelerado, que sirve para detectarla con precisión y aproximarse hasta capturarla.

Pero, claro, la imagen que tenemos de la ecolocalización sigue siendo el puntito de luz en la pantalla del submarino. No podemos meternos en la mente de un cachalote. Por suerte, sí que podemos meternos en la mente de otra persona, al menos parcialmente. Y vamos a hacerlo con un ciego llamado Daniel Kish. Daniel perdió ambos ojos cuando apenas había cumplido un año de edad debido a un retinoblastoma. Pero ha aprendido a utilizar la ecolocalización. Y lo que ha conseguido es admirable. Kish puede ir en bicicleta de montaña sin problemas, puede ir solo de acampada al monte, puede saber si al otro lado de la calle hay dos árboles o si el coche cercano está aparcado cerca o lejos de la acera. Otros ciegos han aprendido esta técnica. Emiten un chasquido y escuchan el eco. Otro ejemplo es Brian Bushway. En su libro *Deep* James Nestor nos explica cómo Brian lo guía por una serie de calles, haciendo comentarios sobre el aparcamiento a la derecha o el jardín descuidado a la izquierda, lo guía cruzando un aparcamiento lleno de coches y por las mesas de un restaurante lleno de público hasta una mesa vacía. Sin embargo, cuando le dan el menú, no puede leerlo. Brian es completamente ciego, pero a base de emitir chasquidos no solamente puede caminar sin tropezar con una farola, sino que puede saber qué tipo de objeto tiene enfrente, puede hacerse una imagen del entorno. De hecho, cuando se ha examinado a ciegos que utilizaban la ecolocalización, se ha comprobado que hay una gran actividad cerebral en las zonas de la visión. Aparentemente, estas zonas, sin trabajo porque los ojos no funcionan, son reclutadas para ayudar en la formación de un paisaje a partir de los ecos. Es interesante que los videntes también podemos aprender a ecolocalizar. Con unas horas de entrenamiento es suficiente para no tropezar. En este caso, las zonas del cerebro que se activan son las auditivas y no las visuales. Los videntes seguimos centrados en los ojos. Pero Brian Bushway puede cruzar la calle tranquilamente. Lo más probable es que los cachalotes, que llevan unos veinticinco millones de años en el mar, tengan una «visión» de su entorno mucho mejor que la de Brian gracias a sus chasquidos.

* * *

Bueno, de todos modos el oído es un sentido que nosotros también usamos constantemente. Pero ¿qué podemos decir de la electricidad? El agua es una mala conductora de la electricidad. Pero a medida que se añade más sal, empieza a transmitirla cada vez mejor. Como el agua de mar tiene un 3,5 % de sales, fundamentalmente cloruro sódico, la electricidad se transmite bastante bien. Y, por supuesto, también hay animales que han aprendido a utilizarla.

Bajo la piel del océano

Siempre recordaré mis visitas de niño al acuario de la Barceloneta. Un edificio vetusto en el que había unas cuantas tortugas bobas, muchos acuarios con peces del Mediterráneo y un pequeño acuario redondo con una raya. La idea era que uno podía meter la mano y tocar la raya para sentir una descarga eléctrica. Yo, que soy muy miedoso, nunca me atrevía a meter la mano, pero observaba fascinado cómo los demás visitantes la metían y la sacaban inmediatamente al sentir la descarga eléctrica. ¿Un animal que produce descargas eléctricas? ¿No es esto algo increíble?

En realidad, todos los animales estamos produciendo electricidad casi constantemente. Siempre que se transportan cargas eléctricas de un lado a otro se genera electricidad. Y nuestras células están constantemente expulsando y absorbiendo iones, esto es, átomos con carga eléctrica bien positiva, bien negativa. El ejemplo más claro es nuestro sistema nervioso. Para que el impulso nervioso se transmita a lo largo de los nervios, las células abren y cierran sucesivamente canales que permiten el paso de iones de sodio y potasio (con una carga positiva). Esto es lo que se llama la despolarización de la membrana. Seguidamente, unas bombas reconstituyen la situación original de modo que el nervio pueda volver a transmitir un impulso. Nuestro corazón es otro ejemplo de órgano que funciona a base de transferencias de iones, y nuestra musculatura lo hace cada vez que se contrae o relaja un músculo. De modo que, efectivamente, los animales estamos generando pequeñas corrientes eléctricas de forma constante. ¿No sería estupendo poder detectar a un depredador o a una presa en la oscuridad sintiendo la electricidad que genera?

Esto es justamente lo que hacen los tiburones. Su estrategia para capturar a una presa incluye varios sentidos según lo lejos que esté. Cuando un tiburón va en busca de comida, utiliza el olfato y el oído para rastrear su entorno. Un pez herido, por ejemplo, se moverá desesperadamente y dejará un rastro de sangre. Los tiburones poseen sensores de movimiento en la línea lateral, que recorre su costado de la cabeza a la cola. Este órgano detecta los cambios de presión del agua sobre la superficie de la piel. Obviamente, un pez dando coletazos va ser fácilmente detectado por este sistema. El tiburón que detecte el rastro se acercará a la presa buscándola con la vista y probando el sabor del agua. Cuando llega a una distancia realmente próxima, de menos de un metro, la electrocepción se convierte en el principal sentido para orientar el mordisco de la forma más efectiva. Que esto es así se ha demostrado con un aparato en forma de te invertida. En cada uno de los dos brazos de la te había unos electrodos y en el centro un cebo. Los científicos podían activar uno u otro par de electrodos a voluntad. Los tiburones siempre mordían el electrodo en el que los investigadores activaran un campo eléctrico y no el otro.

Todavía no está claro cuál es el sensor del campo magnético de las tortugas y las aves, pero sí que sabemos cuál es el sensor de electricidad de los tiburones. Son las ampollas de Lorenzini. Stefano Lorenzini publicó sus observaciones sobre la anatomía de los tiburones en Florencia en el siglo XVII. Ahí describió las estructuras que existen bajo la piel de los tiburones en la parte inferior de la cabeza. Esta zona está llena de pequeños poros que le dan al tiburón el aspecto de no haberse afeitado en dos o tres días. Esos poros son la entrada de un conducto relleno de una gelatina que es semiconductora de la electricidad. En la parte más interna de esos canales están las ampollas de Lorenzini. En realidad, se parecen bastante a las células que en nuestro oído nos permiten oír. En las ampollas hay un tapiz de células de soporte y células sensoriales que extienden un cilio al gel. La electricidad altera el gel y mueve el cilio. Entonces la célula envía un impulso nervioso al cerebro. La respuesta de cada célula depende de la intensidad de la electricidad recibida, y comparando las señales de las ampollas situadas a un lado y a otro, el cerebro del tiburón puede saber de dónde viene la señal. Así que ya tenemos otra forma de «ver» en la oscuridad.

De hecho, la electricidad tiene más ventajas. Si hay una posible presa debajo del sedimento, la electricidad generada por sus movimientos será detectable incluso si está enterrada. Los tiburones martillo (*Sphyrna* sp.) parece que utilizan la estrategia de rastrear el fondo con su muy desarrollado sistema de ampollas de Lorenzini como si movieran un detector de metales sobre la arena. Esas presas enterradas son totalmente invisibles, pero la electricidad las delata.

El mar es el ecosistema más antiguo del planeta y la mayor parte ha estado en la oscuridad más absoluta durante miles

Batial. Mundos alternativos: ecolocalización y electricidad

de millones de años. No es extraño que los seres vivos hayan desarrollado sentidos adecuados para moverse con precisión, evitar a los depredadores, capturar a las presas y encontrar parejas en ese mundo. La bioluminiscencia, la ecolocalización y la electrocepción son tres ejemplos admirables.

22.
Abisal. El Alvin y las fuentes hidrotermales

Hemos hecho verdaderos esfuerzos por ver lo que ocurre en las profundidades. Hemos utilizado buzos respirando combinaciones de gases especiales, vehículos operados remotamente (ROV), artilugios para detectar la bioluminiscencia, hidrófonos para escuchar a los cachalotes y miniPAT para seguir las migraciones de los tiburones. Pero si queremos seguir explorando el fondo del mar tenemos que recurrir a un submarino. Más concretamente, a un batiscafo: un submarino capaz de resistir las grandes presiones de las regiones abisal y hadal. Si no, tenemos poco más que hacer. Y no hay mejor elección que el Alvin. El Trieste había demostrado que era capaz de descender hasta el fondo del océano. Pero era un batiscafo muy voluminoso y difícil de manejar. Además, ya hemos dicho que la idea de navegar con cien mil litros de gasolina sobre nuestras cabezas no es nada atractiva. De modo que en todo el mundo se diseñaron batiscafos más pequeños, más manejables, más seguros y más modestos que el Trieste. No se trataba de bajar a once mil metros, sino a las llanuras abisales, entre tres y cuatro mil metros. Y no se trataba de batir récords, sino de tener la capacidad de tomar muestras e investigar.

De modo que el Alvin se diseñó para llevar a dos científicos y un piloto hasta un máximo de 4.500 metros. Se le incorporaron dos brazos mecánicos para la recogida de muestras y se reemplazó la gasolina por espumas sintéticas, menos peligrosas. El Alvin pertenece a la Armada estadounidense, pero es operado por la Institución Oceanográfica de Woods Hole. Una paradoja interesante es que fue construido en Minnesota, uno de los puntos de Estados Unidos más alejados del océano. En junio de 1964 se botó y el Alvin comenzó su espectacular carrera de descubrimientos. Sin embargo, su primera acción famosa no tuvo nada que ver con la investigación. En enero de 1966, en plena Guerra Fría, un bombardero B-52 se aprovisionaba de combustible en pleno vuelo gracias al acoplamiento con un avión cisterna KC-135 a 10.000 metros de altura. Hemos visto esta escena en incontables películas de guerra. Pero en este caso algo falló. Los dos aviones colisionaron y se estrellaron en el mar, justo frente a las costas de Palomares (Almería). Murieron ocho de los tripulantes de los dos aviones. Se salvaron tres. El bombardero perdió cuatro bombas atómicas. Tres fueron a parar a unos campos de la zona, la otra cayó en el mar. Gracias a que las espoletas no estaban montadas, no se produjo ninguna explosión atómica, pero el explosivo convencional sí que detonó. Las que cayeron en tierra ocasionaron una contaminación con plutonio que ha elevado la proporción de cáncer en la zona de forma significativa. Varios de los empleados estadounidenses que trabajaron en la recuperación de las bombas y la limpieza de la zona también experimentaron complicaciones de salud. Los Gobiernos de Estados Unidos y España, vergonzosamente, nunca reconocieron la seriedad del accidente y todavía no han hecho casi nada para compensar a las víctimas. Este episodio es capaz de disparar todas nuestras paranoias. Pero este libro va sobre el océano y lo que nos interesa es que el Alvin fue reclutado para localizar la bomba que había caído en el mar y, gracias a las indicaciones de un pescador local, Francisco Simó, «Paco, el de la bomba», la localizó a casi 870 metros de profundidad. Otros submarinos de la Armada pudieron recuperarla para evitar que la encontraran los soviéticos.

Afortunadamente, la mayor parte de la historia del Alvin es mucho menos siniestra. Lo primero que veremos será el descubrimiento que Jack B. Corliss, de la Universidad Estatal de Oregón, hizo en 1977. Varios estudios anteriores habían detectado agua caliente en algunas zonas del fondo marino. Esto era algo notable porque el fondo del mar está a unos cuatro grados de temperatura, pero razonable, puesto que ya vimos que el fondo marino tiene las dorsales oceánicas, en las que el magma asciende y genera corteza nueva. Por lo tanto, era esperable que en esas zonas hubiera fuentes termales como las que tenemos en la mayor parte de nuestros balnearios. Para los geólogos marinos esta posibilidad era demasiado atractiva para no intentar investigarla. De modo que en la primavera de 1976 hicieron una campaña en la zona de la dorsal de las Galápagos. Utilizaron un ROV para localizar zonas con agua caliente y tomar fotografías (hoy en día nos parece mentira, pero eran fotos en blanco y negro). En esas fotos se adivinaban acumulaciones de bivalvos. Pero era difícil ver si estaban asociados a fuentes termales o no. Así que en 1977, John B. Corliss y sus colaboradores hicieron una nueva expedición y esta vez bajaron con el Alvin para observar la situación en directo. Cuando se acercaron a la primera fuente termal, bautizada como el Jardín del Edén, se llevaron una enorme sorpresa. La mayor parte del fondo marino abisal es un desierto, con algunas ofiuras por aquí y por allá y poco más. Pero alrededor de aquella fuente termal había un oasis de biodiversidad albina. Junto a los chorros de agua caliente se acumulaban almejas y mejillones gigantes, lapas, gusanos encerrados en tubos de un metro de largo que mostraban un plumero de branquias coloradas, cangrejos que se movían lateralmente por encima de todos, ostrácodos y algunos peces. Corliss y sus colaboradores habían descubierto un nuevo ecosistema. Un ecosistema que, a diferencia de los que conocemos, funcionaba con independencia del sol, a 2.500 metros de profundidad, en la oscuridad más absoluta. Muchos de los animales que vivían en estos oasis tenían dos características comunes: eran albinos y eran gigantes. Corliss y sus colaboradores publicaron sus resultados el mismo año en *Science* y el descubrimiento fue muy celebrado por la comunidad científica. Pero, claro, los geólogos no iban preparados para hacer estudios de biología. De manera que enseguida se organizó otra campaña en la que se intentó contar los organismos y medir sus actividades.

Holger Jannasch, de la Institución Oceanográfica de Woods Hole, era el microbiólogo de la expedición. Y publicó sus resultados, de nuevo en *Science*, en 1980. En esa época yo estaba realizando mi tesis doctoral en la Universidad de Wisconsin y mi director, Thomas D. Brock, era uno de los poquísimos popes de la muy joven disciplina de la ecología microbiana. Leímos tanto el artículo de Corliss como el de Jannasch fascinados por aquellas comunidades y dedujimos que solamente podían vivir comiendo bacterias quimioautotróficas. Vale, ya sé que este es un palabro. Lo importante es que todos los ecosistemas de la tierra y del mar dependen de la fotosíntesis. Las plantas en tierra y los microorganismos en el mar realizan esta función convirtiendo el CO_2 en materia orgánica que los demás podemos comer. Sin esa materia orgánica nosotros no existiríamos. Plantas y microorganismos utilizan la energía de la luz para este proceso. Pero a 2.500 metros no hay luz. Por lo tanto, aquellos ecosistemas exóticos no podían depender de la fotosíntesis. Si solamente dependieran de la lluvia de detritus procedente de la fotosíntesis en la superficie, no podría haber aquellas acumulaciones de animales. Las fuentes hidrotermales eran oasis en medio del desierto abisal. Por tanto, tenía que haber una fuente de materia orgánica adicional, y la más probable era la quimiosíntesis, como la fotosíntesis, pero sin luz. Aquello era un descubrimiento revolucionario. Pero mi jefe fue muy crítico con aquel artículo. ¡Así no se hacían las cosas! Una investigación seria requería otro tipo de experimentos, necesitaba controles apropiados.

En su opinión, Jannasch y sus colaboradores habían hecho una chapuza. Mi jefe era conocido por ser una fuerza de la naturaleza y reaccionó en consecuencia. Lo que hizo fue escribir un artículo explicando cómo había que hacer la investigación en el fondo del mar para que fuera correcta y por qué el artículo de Jannasch no cumplía aquellos requisitos. En un poco característico arranque de prudencia, no mandó el artículo a *Science*, sino a Jannasch. A las pocas semanas lo teníamos en nuestro departamento para dar un seminario. Jannasch intentó convencernos de que la investigación en la zona abisal era muy complicada. A veces había que cancelar la inmersión. Otras veces no podía encontrarse la fuente termal. En otras ocasiones no había manera de que los brazos del Alvin recogieran las muestras correctamente. Y, lo más complicado, conseguir que los artilugios para medir actividades *in situ* funcionaran a esas profundidades tampoco era trivial. Me parece que las explicaciones de Jannasch convencieron a mi jefe. Pero este episodio me pareció iluminador respecto a cómo funciona la ciencia.

Bueno, en cualquier caso, lo esencial es que esas fuentes termales mantenían ecosistemas que no dependían de la luz. Dependían de la quimiosíntesis realizada por bacterias. En capítulos anteriores nos hemos maravillado con las capacidades sensoriales de tiburones y cachalotes, pero las capacidades metabólicas de bacterias y arqueas son todavía más espectaculares.

Como vimos en el capítulo 20, en la fotosíntesis, los organismos aprovechan la energía de la luz para «subir cuesta arriba» las moléculas hasta un estado de reducción en el que pueden utilizarse para obtener energía. En las fuentes termales la naturaleza proporciona directamente moléculas que ya están en ese estado reducido, como el hidrógeno, el sulfhídrico, el metano o el amonio. Hay microorganismos que pueden aprovechar cada una de estas moléculas para obtener energía. Dado que están en «lo alto de la montaña», pueden ir oxidándolas paso a paso hasta que lleguen al «nivel del mar».

Las fuentes hidrotermales están constantemente vomitando agua muy caliente que lleva muchas sustancias reducidas en disolución. En algunos casos predomina el sulfhídrico y en otros, el metano. En ambos casos se mezcla enseguida con el agua de mar, que tiene oxígeno. La presencia simultánea de compuestos reducidos como el sulfhídrico o el metano y de oxígeno no podía ser desaprovechada por los microorganismos. De modo que sobre las paredes de las fuentes y en los alrededores crecen microorganismos, y crecen tanto que llegan a formar tapetes microbianos, alfombras vivas de varios metros cuadrados de superficie. Estos microorganismos obtienen energía de la combinación del sulfhídrico o el metano con el oxígeno. Y esa energía la aprovechan para fabricar materia orgánica a partir del CO_2 disuelto en el agua.

Claro, esos tapetes microbianos son comestibles. Y si en cualquier lugar hay algo comestible seguro que alguien se lo comerá. No podían faltar todo tipo de crustáceos que acudieran a alimentarse de esos tapetes. Pero la mayoría de los animales que pueblan las fuentes termales han sido todavía más listos. En lugar de comportarse como cazadores han llegado a comportarse como agricultores. Lo que han hecho gusanos y bivalvos es establecer un contrato de simbiosis con esas bacterias quimioautotróficas. Por ejemplo, los gusanos gigantes han perdido la boca y el estómago, pero tienen un órgano (el trofosoma) repleto de esas bacterias en su interior. Con sus branquias brillantemente rojas por la hemoglobina capturan tanto el oxígeno como el sulfhídrico y los transportan hacia el trofosoma. Esto es parecido a cuando nosotros abonamos un campo. Las bacterias crecen oxidando el sulfhídrico y producen materia orgánica que utilizan tanto ellas como los gusanos. Lo mismo ocurre con muchas almejas. De modo que tenemos un ecosistema que no depende del sol, depende de esas bacterias quimiotróficas y de los compuestos reducidos que produce la actividad del manto terrestre.

Hay distintos tipos de emanaciones en el fondo del mar. Las fuentes hidrotermales pueden ser fumarolas negras o blancas. En realidad, no se trata de fumarolas. El agua supercaliente (hasta los 350 grados) se mantiene líquida debido a la presión y las fuentes hidrotermales tienen el aspecto de la chimenea de una fábrica, contaminando el entorno de forma abusiva (figura 12). Esa agua se ha calentado al entrar en contacto con el magma, que en las dorsales oceánicas, como vimos, está cerca de la superficie de la corteza terrestre. Y ha disuelto los minerales de las rocas que encontraba. Como en esas zonas no hay oxígeno, las aguas arrastran compuestos reducidos como el hidrógeno, el sulfhídrico, el amonio, o el metano y, además, llevan muchos metales pesados. Al entrar en contacto con el agua de mar, fría y oxigenada, los metales pesados precipitan, formando depósitos alrededor de las fuentes termales. Los microorganismos aprovechan esa mezcla de compuestos reducidos y de oxígeno para hacer su agosto mediante la quimiosíntesis. Y muchos animales marinos han aprovechado esa fuente de materia orgánica comiendo o estableciendo simbiosis con esas bacterias.

En las fuentes hidrotermales predominan gusanos poliquetos como *Alvinella pompejana* (bautizada así en honor de nuestro querido Alvin), camarones como *Rimicaris exoculata* y gasterópodos (caracoles) como *Alviniconcha hessleri* (de nuevo en honor del Alvin). Estos animales llevan sus bacterias simbiontes en las branquias o en el exterior del cuerpo. Otros las llevan en su interior, como el poliqueto *Riftia pachyptila* o los bivalvos (almejas) de los géneros *Calyptogena*, *Vesicomya* o *Bathymodiolus*. Algunos de estos animales tienen una sola especie de bacteria simbionte, mientras que otros tienen hasta cuatro o seis distintas. Las bacterias más comunes son gamaproteobacterias y epsilonproteobacterias capaces de utilizar el metano o el sulfhídrico para su metabolismo. Es curioso que este tipo de simbiosis se descubriera en el remoto fondo marino porque después se han encontrado en todas partes: en los cadáveres de ballenas, en troncos de madera hundidos, en volcanes de fango submarinos, en emanaciones de petróleo, en sedimentos del margen continental, en los arrecifes de coral, en las praderas de fanerógamos marinas de nuestras costas, en los manglares y en los sedimentos intermareales y en las marismas. Es decir, las simbiosis entre bacterias quimiotróficas y animales marinos son uno de los fenómenos más extendidos de la naturaleza. Están por todas partes y contribuyen a fijar carbono convirtiéndolo en materia orgánica en todos los ecosistemas marinos en los que coexisten compuestos reducidos y oxígeno.

Es interesante que estas simbiosis entre bacterias y animales, que probablemente aparecieron en las fuentes hidrotermales, después fueran capaces de adaptarse a otros sistemas completamente distintos que aparecieron más tarde en la evolución, como los huesos de ballena y... ¿Hay alguna otra cosa que periódicamente se hunda en cualquiera de los mares de este mundo? Pues claro, los barcos que naufragan. Desde que los seres humanos comenzamos a navegar, se han hundido miles de buques de todo tipo, probablemente no tantos como ballenas, pero son muchos. Hasta el siglo XIX los buques eran de madera y, por lo tanto, cabe suponer que serían colonizados por comunidades muy similares a las de los hundimientos de troncos de árboles. Pero modernamente los barcos son metálicos. ¿Qué clase de alimento pueden aportar?

El 18 de diciembre de 1915, el barco a vapor Persia zarpó de Londres con destino Bombay. En los quince años anteriores, el buque había hecho esa ruta unas setenta veces. En esa ocasión, además de quinientos pasajeros, correo y periódicos, transportaba un tesoro de joyas y oro de Jagatjit Singh, marajá de Kapurthala. El 30 de diciembre, en aguas al sur de Creta, mientras los pasajeros estaban almorzando y haciendo planes para el año nuevo, un torpedo disparado por un submarino alemán impactó a babor y una de las calderas explotó. El barco se hundió en menos de diez minutos. La mayor parte de los pasajeros y tripulantes no tuvieron ninguna oportunidad y se hundieron con el buque hasta los 2.800 metros de profundidad. Ya sabemos lo que les pasaría a los cadáveres... Los carroñeros y los especialistas en huesos los aprovecharían exhaustivamente. Pero ¿y el resto? Resulta que en el 2003, el pecio fue localizado y, con la esperanza de recuperar el tesoro del maharajá, una empresa intentó abrir las bodegas y recuperar joyas y oro, como en las leyendas de piratas y tesoros. No encontraron el tesoro. Pero, en cambio, recuperaron una parte de los periódicos y las cartas, y entre esa gran cantidad de papel mojado había una comunidad de gusanos vestimentíferos, nuestros conocidos de las fuentes hidrotermales. Seguramente, la celulosa del papel había sido degradada por las bacterias. El hecho de que el papel estuviera compactado hizo que no llegara el oxígeno y entonces la descomposición se hizo anaeróbica. Y este tipo de metabolismos generan sulfhídrico y metano, justamente los alimentos necesarios para la quimiosíntesis.

Uno de los pasajeros famosos del Persia era John Walter Edward Douglas Scott Montagu, segundo barón de Montagu de Beaulieu. Viajaba hacia la India con su secretaria y amante Eleanor Thornton, una actriz que había servido de modelo para diseñar la pequeña escultura que todos los Rolls Royce llevan en su parte delantera, el «Espíritu del éxtasis», una mujer que parece lanzarse hacia delante con los brazos hacia atrás y sus ropas extendidas como alas (es sorprendente el parecido con una de las escenas más famosas de la película *Titanic*). La primera versión mostraba a esa mujer llevándose un dedo a los labios reclamando silencio, como el requerido para ocultar el idilio entre Eleanor y John. Durante el naufragio, John y Eleanor se abrazaron, pero una ola los separó. Eleanor se hundió con la mayor parte de los viajeros, mientras que él sobrevivió. Tantas pequeñas tragedias acumuladas en los miles de naufragios que los seres humanos hemos sufrido a lo largo de la historia y todos han alimentado a las comunidades de gusanos y bacterias de las profundidades. La naturaleza es impasible, amoral, implacable. Sencillamente todo se aprovecha, todo se recicla. Cada molécula y cada átomo del cuerpo de Eleanor atravesaron innumerables cadenas tróficas submarinas y acaso, después de un siglo, hayan regresado a la superficie, o tal vez estén sepultados bajo los sedimentos del Mediterráneo.

23.
Abisal. Los cadáveres de ballenas

Este capítulo empieza igual que el anterior. Con una expedición del Alvin. En esta ocasión, el investigador era Craig Smith, de la Universidad de Hawái, y la inmersión se realizó en 1987, unos diez años después del descubrimiento de los oasis en fuentes hidrotermales. Pero la escena es muy parecida. Unos científicos explorando el fondo desértico del mar desde el Alvin y el descubrimiento repentino de un oasis. El caso es que el sonar detectó un objeto muy grande a 1.240 metros y cuando el submarino se acercó, Smith vio los restos de una ballena de veinte metros de largo parcialmente enterrada en los sedimentos. En sí mismo, esto no era sorprendente, pero lo que no se esperaban los científicos era la gran cantidad de seres vivos que pululaban alrededor del cadáver: gusanos, almejas gigantes, caracoles y lapas. Y, claro, tapetes microbianos por todas partes. ¿Nos resulta familiar?

Desde entonces se han estudiado muchos cadáveres de ballenas y, lo que es todavía mejor, se han depositado cadáveres en el fondo con cámaras grabando la escena, de manera que se ha podido seguir lo que iba pasando a medida que el cadáver se descomponía. Gracias a estos estudios se han descrito más de cuatrocientas especies nuevas de animales procedentes de cadáveres de ballenas y unas treinta no se han encontrado en ningún otro lugar, es decir, son endémicas de este miniecosistema. Por otra parte, se ha descrito toda una microbiota característica de los cadáveres de ballenas. Muchos de los animales y los microorganismos son los mismos que se encuentran en las fuentes hidrotermales y en los pecios. Parece que el fondo del océano es un desierto con oasis naturales y artificiales entre los que todos estos seres vivos pueden viajar.

La mayoría de las ballenas mueren por falta de alimento o por enfermedades, especialmente durante sus migraciones. Unas cuantas, particularmente los cachorros, son atacadas por las orcas, pero los adultos no tienen ningún depredador. De las ballenas que mueren, algunas flotan, como la ballena franca, y otras acaban varadas en las playas, pero la mayoría se hunden rápidamente. Se ha estimado que de las aproximadamente mil seiscientas ballenas grises que mueren cada año, solamente unas cincuenta acaban varadas en las playas. La mayoría se hunden en alta mar. Igual que ocurre con los buceadores en apnea, a partir de una cierta profundidad, los pulmones se colapsan y los cuerpos se hacen todavía más densos y se hunden más rápidamente. En cuanto el cadáver de una ballena llega al fondo, una serie de carroñeros lo detectan y se afanan en devorar los tejidos blandos. Entre estos hay tiburones de profundidad (sobre todo *Somniosus pacificus*), peces bruja (clase myxini, especialmente *Eptatretus deani*) y otros necrófagos como anfípodos y cangrejos. Estos carroñeros devoran entre cuarenta y sesenta kilos de carne de ballena al día. Las escenas recuerdan mucho a esos buitres peleándose sobre el cadáver de un ciervo. De hecho, también se da la batalla contra el tiempo que todos los carroñeros tienen que librar. Tienen que comer todo lo que puedan antes de que las bacterias descompongan los tejidos. Se ha calculado que esta primera fase puede durar entre unos meses y hasta diez años, dependiendo de si el cadáver corresponde a una cría o a un adulto de ballena azul. Se han descubierto treinta y ocho especies distintas de carroñeros en estos cadáveres.

Los carroñeros son voraces, apresurados y no tienen «modales». Después de su actividad frenética queda una gran cantidad de restos esparcidos por los alrededores. Es la alimentación chapucera que ya vimos en el caso del zooplancton. Gusanos poliquetos, moluscos y crustáceos aprovechan la materia orgánica dispersada por los carroñeros. De hecho, las abundancias de estos organismos en los alrededores del cadáver pueden alcanzar los cuarenta y cinco mil individuos por metro cuadrado. Esta fase se denomina el estadio de enriquecimiento oportunista. Por supuesto, también hay una gran cantidad de tapetes microbianos y de bacterias en los sedimentos aprovechando esta fuente de materia orgánica. La comunidad de animales que explota este recurso es relativamente poco diversa, con solamente unas dieciocho especies de animales descritas. Además, la mayor parte de estos animales son los mismos que aparecen bajo las jaulas de acuicultura de salmones o junto a los vertidos humanos. Por eso se los llama oportunistas, porque aprovechan cualquier enriquecimiento ocasional en materia orgánica. Dependiendo del tamaño de la ballena, esta fase puede durar entre dos y cinco años.

Toda esta descomposición acaba agotando el oxígeno, con lo que se genera sulfhídrico y una serie de sustancias reducidas. Y esto da lugar a la tercera fase, la sulfofílica, la amante del sulfuro. La descomposición en ausencia de oxígeno genera sulfhídrico y este es utilizado como fuente de energía para la quimiosíntesis por muchas bacterias que ya hemos visto en el caso de las fuentes hidrotermales. Durante esta fase, se desarrollan tapetes microbianos sobre los huesos y en el interior de las fracturas, aparecen decenas de miles de individuos del mejillón *Idas washingtonia*, que se alimenta de bacterias simbiontes y comunidades de bivalvos, isópodos, anfípodos, poliquetos, lapas y caracoles que forman al menos tres niveles tróficos sucesivos. Se han detectado hasta 185 especies de animales por esqueleto. Muchas de ellas no se han encontrado en ningún otro lugar, pero algunas son las mismas que aparecen en las fuentes hidrotermales. De nuevo, el tiempo que dura este estadio varía en función del tamaño del esqueleto, desde unos pocos hasta ochenta años.

Uno de los recursos más inesperados que se aprovechan durante esta fase es el contenido de los huesos. Por su naturaleza dura, los huesos resisten más tiempo que las partes blandas, pero una vez desaparecidas estas, animales y microorganismos especializados aprovechan también esta fuente de nutrientes. Los huesos de ballena tienen un contenido muy elevado de lípidos (grasa). Por ejemplo, una ballena de cuarenta toneladas contiene entre dos y tres toneladas de grasa en sus huesos. No se sabe por qué, pero una posibilidad es que la grasa contribuya a hacer los huesos más ligeros, lo que ayudaría a la flotabilidad de la ballena. Las grasas son una fuente de calorías extraordinaria. Por eso nos gustan tanto y nos amargan la existencia acumulándose de forma inmisericorde en los michelines. Y otro de los recursos en el interior de los huesos es el colágeno, la proteína que forma los tendones. En el caso de las ballenas, para alcanzar estos lípidos y el colágeno hay que perforar la materia dura de los huesos. Y aquí se ha descubierto una de las simbiosis más peculiares: el gusano zombi (*Osedax*) y sus bacterias *Oceanospirillum*. *Osedax* viene del latín y quiere decir «devorador de huesos». Este gusano mide apenas un centímetro. Tiene un plumero de tentáculos en un extremo de su cuerpo en forma de tubo. Todo esto es de color rosado. La parte inferior del cuerpo penetra en los huesos de la ballena como raíces verdosas y en esta zona están también los ovarios. Claro, uno enseguida piensa que en algún lugar tienen que estar los testículos de los machos. *Osedax* es original también es este aspecto. Los machos son minúsculos parásitos de las hembras. En realidad, los machos no alcanzan la fase adulta y se quedan como larvas, pero con capacidad productora de esperma. Cada hembra tiene cerca de un centenar de minúsculos machos a su disposición para obtener esperma siempre que le convenga.

Abisal. Los cadáveres de ballenas

Lo más interesante de *Osedax* es que no tiene tubo digestivo, ni boca, ni ano. Con sus raíces verdosas disuelve los huesos secretando ácido carbónico, el de muchas bebidas gaseosas. El ácido disuelve el hueso, que está hecho de fosfato y carbonato cálcico, igual que el ácido carbónico disuelto en el agua de lluvia disuelve el carbonato cálcico formando maravillosas cavernas kársticas como las de Artá o las de Nerja. Más caseramente, si queremos retirar la cal del filtro de nuestra cafetera, podemos sumergirlo en vinagre, que es otro ácido.

A medida que va taladrando químicamente conductos en los huesos, va extrayendo los lípidos, que transporta al interior de su cuerpo. *Osedax* no tiene un trofosoma como los gusanos que vimos en las fuentes termales. Pero en esas raíces verdosas alimenta un jardín de bacterias que descomponen los lípidos y el colágeno. Estas bacterias pertenecen al orden *Oceanospirillales*, que tiene muchos especialistas en la degradación de compuestos orgánicos complejos. Los *Oceanospirillum* son aeróbicos, es decir, necesitan oxígeno como nosotros. *Osedax* capta el oxígeno del agua con sus tentáculos llenos de hemoglobina y se lo proporciona a las bacterias. No está claro si el gusano se alimenta «comiéndose» a las bacterias directamente o si estas producen sustancias que *Osedax* puede asimilar. El caso es que, lógicamente, este grupo de gusanos especialistas en huesos no pudo aparecer en la evolución hasta que aparecieron los vertebrados, que somos los que tenemos huesos. Tal vez *Osedax* evolucionó a partir de sus parientes de las fuentes termales. Los poliquetos de las fuentes son vestimentíferos y pertenecen a las misma familia que *Osedax*: *Siboglinidae*. Sin embargo, los simbiontes de los primeros son autotróficos y utilizan sulfhídrico o metano y oxígeno para convertir CO_2 en materia orgánica mientras que los de *Osedax* son heterotróficos y degradan materia orgánica, respirando oxígeno, produciendo como resultado CO_2. Justo a la inversa.

Se estima que los cadáveres de ballena transfieren 190.000 toneladas de carbono de la superficie al fondo del océano cada año. Hay unos 700.000 cadáveres de ballenas descomponiéndose en cualquier momento. Recuerdo los aproximadamente 500 gramos de carne de ballena que me he comido en mi vida. Son medio kilo de carne que les he «robado» a los carroñeros del mar profundo. No parece mucho, pero los seres humanos en conjunto les hemos «robado» muchísimo más. La caza de ballenas, obviamente, ha tenido un impacto tremendo sobre las comunidades especializadas en aprovechar sus cadáveres. Aunque los buques hundidos pueden haber compensado algo. No tenemos ni idea de cuántas especies se habrán extinguido, ni de cómo nuestras actividades habrán alterado la economía del fondo del mar. Una vez más, los seres humanos actuando de forma inconsciente y alterando la naturaleza.

Hace unos años estaba visitando Bryn Gwyn, un parque paleontológico en la Patagonia argentina. Uno va subiendo las sucesivas terrazas del río Chubut y recorriendo la paleontología de la zona. La parte inferior, la más cercana al río, tiene unos cuarenta millones de años de antigüedad.

Igual que al principio de este libro estudiamos las relaciones filogenéticas de varias ballenas comparando las secuencias de su ADN, podemos hacer lo mismo con las distintas especies de *Osedax*. Resulta que *Osedax rubiplumus* y *Osedax frankpressi* se separaron hace unos cuarenta y dos millones de años. Aproximadamente cuando se depositaron estos sedimentos de Chubut. Por entonces, un cetáceo primitivo, *Basilosaurus*, habitaba los mares y probablemente las especies de *Osedax* empezaron a diferenciarse sobre sus cadáveres.

A medida que ascendía por las terrazas del Chubut, iba encontrando sedimentos más recientes y cada uno de ellos contenía fósiles distintos. Algunas terrazas correspondían a sedimentos terrestres y otras a marinos, según las sucesivas entradas y retiradas del océano que la Patagonia experimentó en el pasado y que aquí quedaron detalladamente registradas. Así, en la Formación Gaimán, de nuevo marina, había fósiles de focas, pingüinos y el de una ballena de hace quince millones de años: *Aglaocetus morenii*. La fosilización de ese esqueleto fue una excepción. La mayoría de sus congéneres fueron completamente degradados por los antepasados de *Osedax*. Los creacionistas, cuando se quejan de la falta de fósiles intermedios no tienen en cuenta este tema. Afortunadamente, estudiando las secuencias del ADN, todo este asunto de los intermedios deja de tener importancia. Como ya hemos visto, dos de las especies de *Osedax* tenían un antecesor común hace cuarenta millones de años, aproximadamente cuando los primeros grandes cetáceos comenzaron a surcar los océanos. Todo encaja.

Bajo la piel del océano

Por fin, se llegaba a la cima, formada por bancos de mejillones que vivieron hace diez millones de años. Desde allá arriba, la visión del valle del Chubut era maravillosa. Las laderas del valle eran blancas, dando origen al nombre del yacimiento Bryn Gwyn, que quiere decir «loma blanca» en galés. El río discurría por el fondo del valle rodeado de verdor gracias a las obras de regadío que los inmigrantes galeses iniciaron en el siglo XIX. Y todos los pequeños y grandes dramas de esos inmigrantes se habían desarrollado por encima de los sedimentos acumulados durante millones de años, cada segmento ocultando más grandes y pequeños dramas de animales extintos. La continuidad de la vida fosilizada.

24.
Abisal. Un mundo microbiano

A pesar de que los cadáveres de ballenas son impresionantes, en realidad, hay muy pocas ballenas y, por lo tanto, su aporte de materia orgánica al fondo del mar es muy pequeño comparado con la lluvia de detritus, incluso en las zonas del océano más pobres. Se estima que la cantidad de carbono orgánico que llega al fondo del mar por cada metro cuadrado es de entre 0,3 y 10 gramos de carbono, mientras que la cantidad de carbono orgánico procedente de ballenas, si se repartiera por todo el fondo marino como la lluvia de detritus, sería de solamente 0,4 miligramos de carbono, es decir, cerca de un 0,1 % del carbono. En realidad, el océano profundo es un desierto, no por la falta de agua, sino de fuentes de energía. Los animales que viven allá abajo tienen tres opciones. La primera es alimentarse de la lluvia de detritus, bien filtrándola del agua o bien del sedimento. Esta estrategia tiene la ventaja de que la lluvia de detritus es más o menos constante, pero tiene el inconveniente de que es muy escasa. Uno tiene que moverse poco e ir comiendo pausadamente lo que encuentre. Una gran mayoría de animales bentónicos (que se desplazan por el sedimento) o demersales (que nadan cerca del sedimento) utilizan esta estrategia. Claro, cuanto más lejos de la superficie viva un animal, menos lluvia le llegará, porque una buena parte ya habrá sido utilizada por otros por el camino. Así que en los fondos hadales la abundancia de animales es muy baja. La expedición de Cameron contribuyó a constatar este hecho. Además de su descenso a once mil metros, la expedición incluyó otras seis o siete inmersiones a distintas profundidades y en distintos lugares. Varias inmersiones se realizaron con el propio Deepsea Challenger, pero también las hubo con módulos de aterrizaje. Se parecen al módulo lunar que alunizó en 1969. Es decir, no están construidos para ser bonitos o aerodinámicos, sino para ser prácticos. Llevan varias cámaras, botellas para tomar muestras y aparatos para determinar, como siempre, la temperatura, la salinidad, la profundidad, etcétera. La ventaja es que son relativamente baratos y que no arriesgan vidas humanas. El inconveniente es que no pueden desplazarse por el fondo para estudiar zonas de mayor tamaño. Toman datos y muestras allá donde contactan con el fondo y vuelven a subir verticalmente.

El Deepsea Challenger y estos módulos tomaron muchas horas de vídeo y los investigadores identificaron y contaron todos los animales que aparecían en las imágenes. De este modo pudieron constatar cómo disminuía tanto el número de especies como la cantidad de seres vivos a medida que se acercaban al fondo. En los sedimentos más profundos apenas había algunas holoturias, parientes de los pepinos de mar que a veces se pueden encontrar en algún mercado, ofiuras, parientes de las estrellas de mar, y anfípodos, crustáceos emparentados con las gambas. Todos estos animales siguen la estrategia de alimentarse de la lluvia de detritus.

Uno de los aportes orgánicos al fondo del mar que solamente se han descubierto recientemente son las macroalgas. En los capítulos anteriores, hemos visto las algas microscópicas que forman el fitoplancton, que realizan la fotosíntesis y son la base de las redes tróficas marinas. Pero hay al menos dos tipos de algas gigantes, visibles a simple vista, que también contribuyen a la fotosíntesis marina. Una de estas comunidades son los bosques de grandes algas feofíceas que crecen adheridas al fondo marino cerca de las costas. Una de las algas más conocidas es *Macrocystis pyrifera*, que coloniza costas de aguas frías de todos los continentes. Y el otro ejemplo es el mar de los Sargazos, una zona de unos 1.100 por 3.200 kilómetros de extensión en el gran giro del Atlántico Norte donde abunda otra alga feofícea de gran tamaño: el sargazo (*Sargassum* spp.). Ambos tipos de algas tienen vesículas que les permiten flotar, pero cuando los temporales las desgarran y las sumergen, las vesículas pueden colapsarse y entonces grandes fragmentos de estas algas llegan al fondo marino con bastante celeridad. Se ha estimado que este flujo de materia orgánica representa unos 173 millones de toneladas métricas de carbono al año. Esto es muchísimo más que las 190.000 toneladas métricas de los cadáveres de ballenas. Sin embargo, a los animales del fondo no parecen gustarles mucho estas algas y tienen que esperar a que las bacterias las descompongan para luego comerse el detritus y las propias bacterias.

Una estrategia alternativa es la misma que la de los buitres en tierra. El animal va recorriendo grandes distancias hasta encontrar carroña. Estos carroñeros ya los hemos encontrado en los cadáveres de ballenas y, por supuesto, se acercarán a cualquier cadáver o resto de materia orgánica que puedan detectar. Los módulos de aterrizaje de Cameron llevaban también unas trampas con cebo para atraer a estos carroñeros. El objetivo era comprobar si las especies en la zona hadal eran o no las mismas que ya hemos visto en la zona abisal. El menú que los investigadores les prepararon se componía de pollo o de atún. Los carroñeros entraban en la trampa y eran atrapados y llevados a la superficie para su estudio. La mayoría de estos animales eran anfípodos, otro grupo de crustáceos, como *Alicella gigantea*. De nuevo, animales gigantes y albinos en el fondo del mar. A diferencia de lo que vimos en los cadáveres de ballenas, a estas profundidades no se observó ningún pez. El récord de profundidad de los peces lo tiene el lipárido *Pseudoliparis amblystomopsis*, que fue observado a 7.700 metros de profundidad. Parece ser que esta incapacidad de los peces para vivir a mayor profundidad se debe al truco que usan para soportar la presión. Esta deforma las moléculas hasta inutilizarlas. Por ejemplo, la hemoglobina podría deformarse tanto que ya no podría transportar una molécula de oxígeno. Para evitarlo, muchos peces fabrican óxido de N-trimetilamina (TMAO), que compensa la presión osmótica, pero los efectos de este compuesto parece que no pueden superar las presiones más allá de los ocho mil metros. De modo que a los diez mil de la fosa de las Marianas no hay peces.

Y la tercera estrategia consiste en cultivar bacterias que sean capaces de obtener energía de otras fuentes que no sean el sol o la lluvia de detritus. También hemos visto ya ejemplos de estos en el caso de las fuentes termales. Pero mientras que la lluvia de detritus es más o menos igual de escasa en todas partes, las otras dos estrategias dependen de encontrar el lugar apropiado, el oasis donde haya caído un cadáver o la fuente termal que genere compuestos reducidos.

En realidad, las profundidades hadales son el reino de los microorganismos. Para empezar, el número y la diversidad de las bacterias y arqueas a once mil metros es muy parecido al de muchas otras comunidades marinas, incluidas las de la superficie. Así que, como en todo el océano, el metabolismo de las profundidades también está dominado por los microorganismos. Sin embargo, las bacterias más abundantes son distintas de las de la superficie. Hay bacterias heterotróficas bien conocidas, como *Pseudoalteromonas*, y otros grupos muy desconocidos, como *Marinimicrobia* y *Gemmatimonadetes*, bacterias que pueden reducir u oxidar compuestos de azufre como *Desulfococcus* o *Sulfurimonas*. Muchas de estas bacterias tienen metabolismos que solamente son rentables a bajas concentraciones de oxígeno y que aprovechan la energía de compuestos reducidos de azufre o metano, tal como veíamos en las fuentes termales.

Pero también hay sorpresas. Resulta que las comunidades hadales están enriquecidas en cianobacterias, en particular, *Prochlorococcus*. Sí, la cianobacteria más abundante en la superficie del océano tropical y subtropical y responsable de un tercio de toda la fotosíntesis marina. Obviamente, a esas profundidades no puede hacer la fotosíntesis porque no hay nada de luz. Los científicos no tienen claro si son células muertas o inactivas o si son capaces de mantener algún tipo de metabolismo heterotrófico.

Dado que la temperatura es baja y la disponibilidad de alimento, escasa, en principio se puede esperar que la actividad microbiana sea lenta. Para averiguar hasta qué punto puede ser lenta tenemos que volver al Alvin. Aunque no puede descender a la zona hadal (recordemos que podía bajar a 4.500 metros), el Alvin fue objeto de un experimento no planeado de descomposición de materia orgánica en profundidad. En octubre de 1968, mientras se estaba preparando el submarino para otro descenso, se rompió el cable que lo sujetaba. El Alvin se escoró. La escotilla todavía estaba abierta y el agua empezó a entrar. Los tripulantes pudieron salir y escapar nadando, pero el Alvin se hundió inevitablemente y alcanzó el fondo a unos 1.540 metros de profundidad. Lo relevante para nuestro experimento es que el almuerzo de los tripulantes se hundió dentro del submarino. El almuerzo incluía dos termos con caldo de carne y una tartera de plástico con sándwiches y manzanas.

Cuando un año más tarde se pudo rescatar el Alvin, Holger Jannasch inspeccionó ese almuerzo con curiosidad. Esperaba un olor a huevos podridos y trozos de sándwich y de manzana medio putrefactos y fermentados respectivamente. Pero la apariencia era inmejorable, el olor agradable y cuando se atrevió a probar algunos bocados, parecía que esos alimentos se hubieran preparado el día anterior. Sin embargo, cuando guardaron todo esto en la nevera para seguir estudiándolo, los alimentos de estropearon en unas pocas semanas.

Una de las cualidades que debe tener un científico es la de saber aprovechar las sorpresas. Esto se llama serendipia. Por ejemplo, Alexander Fleming descubrió la penicilina al aprovechar un accidente. Una de las bacterias patógenas con las que trabajaba era *Staphylococcus*, una bacteria causante de distintas infecciones y de intoxicaciones alimentarias. Un día se encontró que un hongo estaba creciendo sobre uno de los cultivos de *Staphylococcus*. Muchos de nosotros habríamos mirado el cultivo con asco y lo habríamos mandado a esterilizar inmediatamente. Pero Fleming se fijó en que el hongo estaba rodeado por un halo libre de bacterias. Fleming pensó que aquel halo quería decir que el hongo estaba produciendo alguna sustancia que impedía el crecimiento de las bacterias. ¿Y si esa sustancia impidiera también el crecimiento de otras bacterias patógenas? Así se descubrió el primer antibiótico de la historia, gracias a un científico con cintura, capaz de fijarse en los detalles y de aprovechar las sorpresas. Y esto es lo que hizo Jannasch al darse cuenta de que el estado de conservación del sándwich del Alvin estaba indicando que la actividad bacteriana en el fondo del mar tenía que ser mucho más lenta que en la superficie. De modo que hizo dos tipos de experimentos. El primer tipo consistió en ver si los alimentos se degradaban al incubarlos en la superficie. Jannasch colocó la mortadela en dos recipientes con agua estéril y puso uno en una estufa (a treinta grados) y otro en la nevera (a tres grados). El primero se pudrió en cinco días y el segundo en cuatro semanas. Es decir, en el Alvin hundido, la mortadela había estado en contacto con bacterias todo el tiempo, pero al parecer debido a la presión, estas no habían podido actuar. Los experimentos con la sopa y las manzanas dieron resultados parecidos.

Una vez que la hipótesis de crecimiento lento en profundidad surgió por serendipia, Jannasch tenía que diseñar experimentos para comprobarla. Lo que hizo fue preparar botellas con agua de mar a la que añadía distintos sustratos. Y luego sumergió la mitad a cinco mil metros y conservó la otra mitad en el laboratorio. Al cabo de unos meses recuperó las botellas y las analizó. Y, efectivamente, los sustratos se habían degradado entre diez y cien veces más lentamente a cinco mil metros que en la nevera del laboratorio. De hecho, este tipo de observaciones se han aprovechado para proponer técnicas de conservación de alimentos basadas en la presión. La ventaja es que no hace falta calentar y, por lo tanto, no se altera el sabor ni la textura de los alimentos. Y, además, no hace falta añadir conservantes, como los nitritos, por ejemplo. El proceso se denomina pascalización, por comparación con la pasteurización.

Con mejores técnicas para realizar incubaciones *in situ*

y estudios realizados en muchos mares distintos, ahora estamos en condiciones de comprobar si el descubrimiento del sándwich es la excepción o la regla. En un artículo de revisión reciente, Josep Maria Gasol y Javier Arístegui (del Instituto de Ciencias del Mar y de la Universidad de Las Palmas de Gran Canaria, respectivamente) estimaron que, en promedio, la actividad de las bacterias heterotróficas era doscientas veces menor en las zonas batial y abisal que en la superficie, unas diferencias que están bastante de acuerdo con las estimaciones de Jannasch. Aun así, si tenemos en cuenta el volumen de agua en cada una de esas zonas, resulta que la zona fótica (de 0 a 200 metros) es responsable del 40 % de la actividad bacteriana, la zona mesopelágica (de 200 a 1.000 metros), de otro 40 % y el resto del océano profundo contribuye un 20 % aproximadamente (tabla 2).

Tabla 2. Abundancia y actividades de bacterias y arqueas a distintas profundidades

Zona	Profundidad (m)	Bacterias por mL	%	Producción mgC/m^2/d	%
Epipelágica	0-200	6×10^5	28	200	43
Mesopelágica	200-1000	2×10^5	38	50	39
Batial y abisal	>1000	5×10^4	34	10	18

En cualquier caso, el océano es un mundo dominado por los microorganismos. En la superficie son las algas microscópicas y las cianobacterias las que realizan la fotosíntesis generando aproximadamente la mitad del oxígeno que respiramos. Y en las zonas oscuras, desde la mesopelágica a las trincheras más profundas, las bacterias y arqueas heterotróficas realizan la mayor parte de la descomposición. Por si fuera poco, también hay bacterias y arqueas autotróficas que fijan CO_2 oxidando compuestos reducidos como el metano, el sulfhídrico o el amonio. Gasol y Arístegui estiman que esta actividad autotrófica de los microorganismos en las zonas oscuras puede ser equivalente a la mitad de la actividad heterotrófica en las mismas profundidades.

Si de lo que hablamos es de los ciclos de los elementos, de los flujos de energía, del cambio climático, los microorganismos son los más importantes. Las ballenas, en cambio, aunque atractivas, son irrelevantes. Si se extinguieran por nuestra culpa, sería un lamentable suceso, moralmente inaceptable, pero, bajo la piel del océano, los procesos microbianos seguirían mandando.

Debriefing final |

25.
Mar de plástico

En una de nuestras reuniones después de la campaña en el Ártico, visitamos a Wenche en Oslo y aprovechamos para hacer algo de turismo. Oslo es una ciudad discreta, pero guarda tres museos excepcionales. Cualquiera que se apasione por el mar tiene que visitarlos. El primero es el de los barcos vikingos. En una edificación austera y completamente blanca se cobijan tres barcos de una elegancia sorprendente. Parecen objetos de decoración y, sin embargo, estos barcos fueron capaces de navegar a través del Atlántico Norte hasta Terranova. El siguiente es el Museo del Fram. En él se conserva el buque que diseñó Fridtjof Nansen para cruzar el Ártico y que luego utilizó Roald Amundsen para llegar al Polo Sur. Y el tercero es el Museo de la Kon-Tiki. La exhibición estrella es una reproducción de la balsa Kon-Tiki que muestra lo que había debajo de ella, una serie de peces que navegaban siguiendo la balsa a través del Pacífico. En 1947 Thor Heyerdahl navegó desde Sudamérica a las islas de la Polinesia en esa balsa que supuestamente reproducía las embarcaciones de antiguos navegantes. Su intención era demostrar que pudo haber una influencia de las culturas sudamericanas en la Polinesia. Es conocido que la Polinesia fue colonizada desde Asia, pero algunos elementos justifican la idea de Heyerdahl. En cualquier caso, su viaje resultó inspirador y emocionante. Pero lo que aquí nos interesa es que la navegación pausada y al nivel del mar que proporciona una balsa le dio a Heyerdahl una perspectiva que no tenían los que navegaban en grandes buques o en veloces veleros. Durante la travesía, Heyerdahl se sorprendió de la gran cantidad de restos de petróleo en zonas muy alejadas de las costas. Muchos años más tarde, Heyerdahl cruzó el Atlántico en embarcaciones que podrían haber fabricado los egipcios. Y en estos viajes el petróleo ya no era una sorpresa, sino la gran cantidad de plásticos que encontró flotando en el océano: polietileno, cloruro de polivinilo (PVC), nailon, polipropileno, metacrilato, baquelita, policarbonato y tantos otros polímeros artificiales que sustentan nuestra vida. Casi todo lo que utilizamos cotidianamente tiene algún componente de plástico. Solamente en Europa, la demanda de plásticos en el 2015 fue de 49 millones de toneladas. España fue el cuarto consumidor, con 7,7 toneladas. Y en todo el mundo se fabricaron 322 millones de toneladas. Un dato alarmante es que aproximadamente la mitad de estos plásticos son de usar y tirar. Cerca del 40 % de esta producción se dedicó a envases, un 20 % a la construcción y el resto a otras aplicaciones como automóviles, aparatos electrónicos, agricultura, tejidos, mobiliario, instrumentos y otros muchos objetos. Dependemos tanto de los plásticos porque son baratos, fáciles de convertir en objetos diversos y muy resistentes. De hecho, son tan resistentes que se estima que un plástico normal puede tardar cuatrocientos años en descomponerse.

Y, claro, esa es precisamente la propiedad que los hace al mismo tiempo útiles y peligrosos. Basta con pasear por la playa después de una tormenta para encontrar todo tipo de objetos de plástico mezclados con algas y pechinas: una chancleta, botellas de agua, trozos de una palangana, bolsas de patatas fritas vacías, el porespán que había contenido una hamburguesa… En las playas más populares, los servicios de limpieza municipales suelen recoger todos estos restos (tal vez junto a jeringuillas y condones, que también son de plástico, pero que tienen otra historia) para no espantar a los turistas. En otras playas, grupos de voluntarios se reúnen para limpiarlas. Tanto en un caso como en otro, esa limpieza es factible. Cuesta tiempo y dinero, pero puede hacerse en un tiempo razonable. Pero ¿cómo limpiar de restos de plásticos el mar abierto?

El problema es que cada año vertemos unas cincuenta mil toneladas de plásticos al océano. Por ejemplo, esa bolsa de plástico que «¡Uy!, se me escapó con un golpe de viento cuando iba a reciclarla» va dando tumbos impulsada por el aire y llega a un río, que la arrastra hasta el mar. Las tortugas confunden las bolsas transparentes con medusas, que son uno de sus alimentos favoritos, y luego pueden atragantarse o asfixiarse. Las redes de pesca abandonadas, igual que los aros de plástico de los paquetes de seis cervezas o colas, se enredan en las extremidades o en los cuerpos de todo tipo de animales marinos, de peces a tortugas, aves y mamíferos. De nuevo, pueden asfixiarse o sufrir profundos cortes en la piel, que pueden llegar a la amputación de una aleta o una pata.

A medida que pasa el tiempo, la radiación solar va haciendo el plástico quebradizo y poco a poco se va fragmentando en trozos cada vez más pequeños. De modo que en el mar abierto, la mayor parte de los fragmentos visibles miden apenas unos milímetros. Además, el plástico absorbe todos aquellos contaminantes disueltos en el agua que sean algo hidrofóbicos. Así, hemos creado unas píldoras de atractivos colores con veneno concentrado. No es extraño que todo tipo de peces y aves se las coman. Dependiendo del tamaño relativo entre bolitas y animal, puede ocluirse el tubo digestivo del animal, lo que lo mata. En otros casos, el plástico atravesará el tubo digestivo con el único inconveniente de aumentar la concentración de contaminantes en sus tejidos. El plástico excretado pasará a formar parte de la lluvia de detritus y, a la larga, llegará al fondo del océano.

Los únicos seres vivos felices en esta historia son las algas y bacterias que colonizan las partículas de plástico. En el ICM, Esther Garcés, Jordi Camp y sus colaboradores comprobaron que algunas algas responsables de proliferaciones tóxicas se adherían a trozos de plástico y podían así dispersarse de un lugar a otro sin esfuerzo. Pero la mayor parte de la colonización se debe a bacterias. En un estudio del mar de los Sargazos se comparó la comunidad bacteriana del agua de mar con la que crecía sobre distintas piezas de plástico flotantes. En el agua de mar dominaban *Pseudoalteromonas*, *Pelagibacter*, *Oceanospirillum*, *Rhodospirillum* y cianobacterias, como ocurre en casi todas las aguas marinas superficiales. Pero sobre el plástico había una comunidad particular para cada tipo de plástico, compuesta de una gran variedad de grupos. Sobre los trozos de polipropileno crecían *Verrucomicrobium*, *Vibrio*, *Rubitalea* o *Hyphomonas*, mientras que sobre el polietileno predominaban flavobacterias, *Saprospira*, *Phormidium* o SAR86. Esto indica que las condiciones de adherencia y el microambiente son distintos en cada tipo de plástico y, por tanto, cada uno tendrá un proceso de degradación diferente.

¿No sería estupendo que, además de adherirse, estas bacterias fueran capaces de degradar el plástico?, ¿de convertirlo en CO_2 y agua igual que hacen con el papel, la fruta, la carne y todo el resto de basuras? Así, el mar se autodepuraría y no tendríamos que preocuparnos por las toneladas que vertemos constantemente. El problema es que los plásticos son muy resistentes por varias razones: lo estable de los enlaces químicos que los forman, el hecho de que son moléculas tan grandes que resultan difíciles de manipular y que son muy hidrofóbicos, o sea, que no se mojan, mientras que las bacterias necesitan un entorno acuoso para realizar sus actividades. Además, son compuestos nuevos en la naturaleza. Los más antiguos, como la baquelita, solamente existen desde hace unos cien años. Los seres vivos todavía no han tenido tiempo de encontrar la forma de hincarles el diente.

Aunque empieza a haber signos de que esto podría estar cambiando porque ya se han aislado al menos tres bacterias distintas capaces de «comer» plástico. En noviembre del 2014, un grupo de investigadores chinos comprobó que las larvas de la polilla de la harina (*Plodia intermedia*) podían comer polietileno. Las larvas de esta polilla se alimentan de frutos secos, de harina o de cereales completamente secos. Pero, además, pueden abrirse camino a través de los envoltorios de plástico mordisqueando y tragándose el plástico. Los investigadores tuvieron la idea de que eso solamente era posible si las larvas tenían en su intestino bacterias con la capacidad de degradar el plástico. Y, en efecto, aislaron dos bacterias del intestino de las larvas capaces de degradar parcialmente el plástico: *Bacillus* sp. y *Enterobacter asburiae*.

Más recientemente, en marzo del 2016, un grupo de investigadores japoneses publicó el aislamiento, a partir de un suelo contaminado con plásticos, de una nueva bacteria que llamaron *Ideonella sakaiensis* capaz de crecer degradando polietileno tereftalato (PET). Para ello la bacteria disponía de dos nuevas enzimas. Si estos resultados se confirman, podrían introducirse los genes que codifican esas dos enzimas en bacterias domesticadas y utilizarlas para degradar el PET sin contaminar el océano. Pero, un momento, ¿qué pasaría si estas bacterias fueran capaces de esparcirse libremente por todas partes y empezaran a comerse el plástico que nos rodea? En mi oficina puedo ver mi pupitre deshaciéndose, las carcasas de mi ordenador y su pantalla, los bolígrafos, la montura de mis gafas, las hojas y carpetas en las que archivo

Mar de plástico

mis documentos, los tornillos que sujetan mi silla, mi silla anatómica con excepción de la ruedecillas de metal, la carcasa del móvil y un sinfín de soportes para la electrónica de portátiles, iPads, móviles, una buena parte de las fibras de mi ropa... En fin, nuestro mundo se desmoronaría por completo. Afortunadamente, ya sabemos cómo funcionan estas cosas. Llevamos miles de años aprovechando polímeros que son biodegradables, pero que aguantan lo suficiente, como la madera, por ejemplo. Como en todo, tendremos que encontrar un equilibrio entre la fabricación y la degradación de los plásticos, pero lo que no podemos hacer es seguir tirándolo todo al mar.

Kilauea Point es uno de los lugares más atractivos de las Hawái. Sobre un espolón rocoso se levanta un faro en desuso y en sus laderas se acomodan centenares de nidos de pardelas, alcatraces, rabihorcados y rabijuncos. La vista del Pacífico es espléndida y la de las aves también porque los rabihorcados persiguen a los alcatraces sin piedad y los rabijuncos hacen sus espectaculares paradas nupciales a pocos metros. En la ladera del oeste hay una pequeña colonia de albatros de Laysan (*Phoebastria immutabilis*). Esta especie tiene colonias en las islas de Midaway y Laysan, además de en Oahu y algunas otras islas de la zona. En un estudio de estas colonias de Hawái, Lindsay Young, de la Universidad de Hawái, encontró el cadáver de un pollo. Al abrir el ave para hacer la autopsia, apareció el tubo digestivo lleno de objetos de plástico de distintos colores. Desde las Hawái, en el centro del Pacífico, los albatros de Laysan vuelan hacia el norte para alimentarse en el mar abierto. Igual que vimos con el albatros errante Storm en la Antártida, los albatros de Laysan pueden estar días y semanas volando y alimentándose en alta mar. También hemos visto que los albatros detectan el alimento visualmente, no oliendo el DMS. ¿Y qué puede haber más atractivo a la vista que unas bolitas de plástico de colores vivos? Desgraciadamente, las corrientes marinas acumulan los restos flotantes de plástico en los giros oceánicos. Estos giros son remolinos gigantescos que rodean cada gran cubeta oceánica (figura 8). Por ejemplo, ya hemos visto el del Atlántico Norte, que empieza en el golfo de México, viaja hacia el noreste mediante la corriente del Golfo, desciende a lo largo de las costas de Europa y en las Canarias gira hacia el este para cruzar el océano de regreso. Existen giros como este en el Atlántico Sur, en el Índico y en el Pacífico. Los modelos de circulación ya predecían que el plástico (y cualquier objeto flotante) se acumularía en el centro de estos giros. Hace unos pocos años, Andrés Cózar, de la Universidad de Cádiz, y los científicos que participaron en la campaña Malaspina 2010 a bordo del buque de investigación oceanográfica Hespérides pudieron comprobar que, efectivamente, la concentración de restos de plásticos era mucho más alta en esas zonas. Como siempre, la prensa amarilla exagera de forma dramática hablando de «islas de plástico». No hay ninguna isla. De hecho, la mayor parte de los fragmentos son tan pequeños que a menos que el mar esté muy calmado son difíciles de ver. Pero si uno recoge las muestras de forma adecuada y realiza los recuentos, ahí es donde se acumula el plástico y ahí es donde papá y mamá albatros lo recogen pensando que han encontrado una singular golosina. Los polluelos se la tragan, con todos los contaminantes que el plástico ha absorbido, y algunos mueren ahogados. Y los albatros no son los únicos. Se han encontrado restos de plásticos en los estómagos de 63 de las 250 especies de aves marinas, así como en muchos otros seres vivos, desde pequeños peces hasta grandes mamíferos. Un descubrimiento reciente que ilustra perfectamente las complejidades de la vida en los océanos se lo debemos, de nuevo, a Gabrielle Nevitt. Resulta que las algas que colonizan los fragmentos de plástico emiten DMS y ya sabemos lo que pasa: muchas aves marinas encuentran este aroma irresistible. Las bolitas de plástico son atractivas para la vista y para el olfato, casi tan peligrosas como un bombón con cianuro.

Durante mucho tiempo, la humanidad ha vivido pendiente del hambre. Luego, en una buena parte del planeta hemos conseguido independizarnos de esa hambre con una agricultura y ganadería muy productivas. Pero en ese proceso no nos hemos preocupado del coste que estas actividades representaban para el entorno. La agricultura, por ejemplo, ha alterado el aspecto del 40 % de la superficie de tierra emergida. Y ya vimos cómo nuestras actividades están cambiando el clima a base de producir CO_2. Además, vertemos una cantidad ingente de residuos de todo tipo a los ríos y al mar. El Observatorio Europeo de las Drogas y las Toxicomanías (EMCDDA, por sus siglas en inglés), por ejemplo, puede calcular la cantidad de drogas consumidas en distintas ciudades europeas, determinando las concentraciones en las aguas de desecho. Cocaína, anfetaminas o MDMA aumentan en las aguas de desecho los fines de semana y disminuyen durante los días laborables. Lo importante es que pueden detectarse y que una parte acabará en el mar. Durante mucho tiempo se pensó que «la dilución era la solución». El océano es tan inmenso que no importaría echar unas cuantas toneladas de cocaína, o de petróleo o de antibióticos. La virtud del plástico es que no se degrada y que se ve. Está ahí, en los grandes giros oceánicos y en los tubos digestivos de los albatros. No va a desaparecer. Es la prueba palpable de que somos culpables. Los seres humanos éramos inconscientes de los desastres ecológicos que causamos en el pasado: la extinción de los grandes mamíferos, la transformación de bosques en campos de cultivo, la expansión de herbicidas, de compuestos radioactivos y otros venenos... En efecto, pensábamos que la dilución era la solución. Pero ahora, con la evidencia del plástico, además de muchas otras, ya no podemos escondernos. Nuestro pequeño planeta está contaminado, está cambiando y nosotros somos los responsables. Para mí, esta es la verdadera expulsión del paraíso, la pérdida de la inocencia. En un capítulo anterior comentamos la impresión que nos causó la foto de la Tierra desde las cercanías de la Luna. El 19 de julio del 2013, cuando la sonda Cassini estaba en las cercanías de Saturno, tomó otra imagen de nuestro planeta (figura 13). Se ve un fondo completamente negro, una estrellita y al lado un puntito de luz. Son la Tierra y la Luna. Nuestra casa. El comentario de la NASA sobre esa foto fue: «Tal como dijo Carl Sagan, eso es aquí, ahí está nuestro hogar, ahí estamos nosotros. En ese lugar han vivido sus vidas todas las personas que amas, todas las personas de las que oíste hablar, y todos los seres humanos que han existido han vivido sus vidas en ese lugar, en ese punto brillante reside todo nuestro mundo, pasado y presente». Y justo un poquito más abajo y a la derecha está la Luna, hasta ahora el punto más alejado del universo al que hemos llegado los seres humanos. Me gustaría pensar que sabremos tomar las medidas para que nuestros nietos puedan seguir visitando lugares como Kilauea Point y disfrutando de una naturaleza razonablemente limpia en ese puntito de luz.

Bibliografía

1. Algunas páginas en la red

Página en la red de divulgación del Instituto de Ciencias del Mar de Barcelona, CSIC
<http://icmdivulga.icm.csic.es/>.

Turismo ártico
<http://www.grida.no/publications/tourism-polar/page/1421.aspx>.

La era espacial y el océano
<http://io9.gizmodo.com/explore-the-worlds-most-detailed-map-of-the-seafloor-r-1642315933>.
<http://portal.gplates.org/>.
<http://portal.gplates.org/#all-apps-hr>.
<http://www.topp.org/>.
<http://www.hawaii.edu/HIMB/ReefPredator/Tools.htm>.
<http://www.whoi.edu/hades/>.
<http://journal.frontiersin.org/article/10.3389/fmicb.2016.01261/full>.
<http://www.pnas.org/content/112/11/E1230.abstract>.

Marcado y seguimiento de grandes animales marinos
<http://www.tagagiant.org/>.
<http://seamap.env.duke.edu/>.
<http://focusingonwildlife.com/news/poll-should-the-tagging-of-orcas-be-stopped/>.

La aventura de James Cameron
<http://ngm.nationalgeographic.com/2013/06/125-deep sea-challenge/cameron-text>.
<http://www.deepseanews.com/2012/04/shouldnt-we-be-more-skeptical-of-the-deepchallenger-dive/>.
<http://www.latimes.com/entertainment/movies/la-et-mn-ca-cameron-ocean-doc-20140803-story.html>.
<http://news.nationalgeographic.com/news/2012/04/120405-james-cameron-deepsea-challenge-mariana-trench-return-science/>.
<http://www.telegraph.co.uk/news/9106288/Deep-sea-challenge-the-four-rival-groups-aiming-to-dive-to-the-bottom.html>.

Ballenas
<https://blogs.scientificamerican.com/news-blog/are-whales-smarter-than-we-are/>.
<http://ocean.si.edu/ocean-videos/moby-dicks-boom-box-sound-production-sperm-whales>.
<https://en.wikipedia.org/wiki/Sperm_whale>.

Bibliografía

Plásticos
<http://nationalgeographic.es/animales/las-especies-marinas-se-comen-el-plastico-porque-huele-a-comida>.
<http://news.nationalgeographic.com/news/2014/07/140715-ocean-plastic-debris-trash-pacific-garbage-patch/>.
<https://www.theguardian.com/environment/2016/aug/24/microplastics-ban-in-cosmetics-save-oceans-mps-say-microbeads>.

2. Algunas referencias en castellano

Arístegui, Javier; Duarte, Carlos M., y Agustí, Susana. «Profundidades oceánicas. La función de la respiración». *Investigación y Ciencia*, junio, n.º 321 (2003).
Arrieta, Jesús M., y Duarte, Carlos M. «La aparente estabilidad de la materia orgánica en el océano profundo». *Investigación y Ciencia*, marzo, n.º 474 (2016).
Bosch, R. M. «Biopiratería en el fondo del mar». *La Vanguardia*, 18 de marzo de 2010, pp. 26-27.
Canals, Miquel, y Lastras, Galderic. «Basuras a mares». *Investigación y Ciencia*, octubre, n.º 481 (2016).
Casado, Santos. *Malaspina 2010: crónica de un viaje oceanográfico alrededor del mundo*. Madrid: CSIC y Los Libros de la Catarata, 2012.
Casamayor, Emilio O., y Gasol, Josep M. (coords.). Microbios en acción: *biodiversidad invisible con efectos*

bien visibles. Madrid: CSIC y Los Libros de la Catarata, 2012.
Duarte, Carlos M. (coord.). *Cambio global: impacto de la actividad humana sobre el sistema Tierra*. Madrid: CSIC y Los Libros de la Catarata, 2010.
Duarte, Carlos M. *Océano: el secreto del planeta Tierra*. Madrid: CSIC y Los Libros de la Catarata, 2010.
Gandía, S., y Meliá, J. (coordinadores). *La teledetección en el seguimiento de los fenómenos naturales. Climatología y desertificación*. Valencia: Universitat de València, 1993.
Gili, Josep-Maria, y Vendrell, Begoña. «¿Qué se esconde en y bajo el hielo marino antártico? El paradigma de la biodiversidad antártica». *Boletín Drosophila*, monográfico n.º 5 (2015), pp. 8-10.
Gili, Josep-Maria; Orejas, Covadonga; Ros, Joandomènec; López, Pablo, y Arntz, Wolf E. «La vida en los fondos antárticos». *Investigación y Ciencia*, noviembre, n.º 290 (2000), pp. 64-74.
González, José M.; Pedrós-Alió, Carlos, y Gasol, Josep M. 2008. «Plancton bacteriano de los océanos». *Investigación y Ciencia*, diciembre, n.º 387 (2008).
Guerra, Ángel, y González, Ángel F. *El calamar gigante*. Madrid: CSIC y Libros de La Catarata, 2009.
Lovelock, James. *Las edades de Gaia: una biografía de nuestro planeta vivo*. Barcelona: Tusquets, 1993.
Pedrós-Alió, Carlos. *La vida al límite*. Madrid: CSIC y Los Libros de La Catarata, 2013.
Puig-Samper, Miguel Á., y Rebok, Sandra (coords.). *España*

explora: Malaspina 2010. Barcelona: CSIC, Fundación BBVA, Ministerio de Defensa, Acción Cultural Española y Lunwerg Editores, 2011.

Santegoeds, Oscar; Angel-Ripoll, Laia, y Vaqué, Dolors. «Bacterias marinas y cambio climático». *Investigación y Ciencia*, junio, n.º 393 (2009).

Simó, Rafel. «Gaia. Mar, azufre y clima». *Investigación y Ciencia*, mayo, n.º 284 (2000), pp. 38-40.

Su opinión es importante.
En futuras ediciones, estaremos encantados
de recoger sus comentarios sobre este libro.

Por favor, háganoslos llegar a través de nuestra web:

www.plataformaeditorial.com

Para adquirir nuestros títulos,
consulte con su librero habitual.

«*I cannot live without books*».
«No puedo vivir sin libros».
THOMAS JEFFERSON

Desde 2013, Plataforma Editorial planta un árbol
por cada título publicado.

Este libro nos anima a comprender que el mundo
es más bello cuando se observa
con las gafas de la ciencia.

El libro parte de casos criminales recientes de gran resonancia y ofrece un inquietante panorama de los resortes que anidan en la imaginación de la gente más peligrosa.

Made in the USA
Monee, IL
03 May 2026